楽しく勉強するための道具と工夫

勉強を苦業と感じると長続きしません。楽しく勉強するためのわが家のおすすめを紹介します。

ランチボックス

お弁当の時間は勉強中の子どもにとって楽しみの時間。だから、お弁当の中身とお弁当箱にはこだわりました。これはその一部。色もデザインもバラエティ豊かです。

→042ページ

採点は1.0㎜芯の赤ボールペンで

子どもが解いた問題を採点するのは母の役割。1.0㎜芯のボールペンならしっかり○がつけられて子どもたちの励みになります。ちなみに花マルはつけな
意味がないか

→073ペー

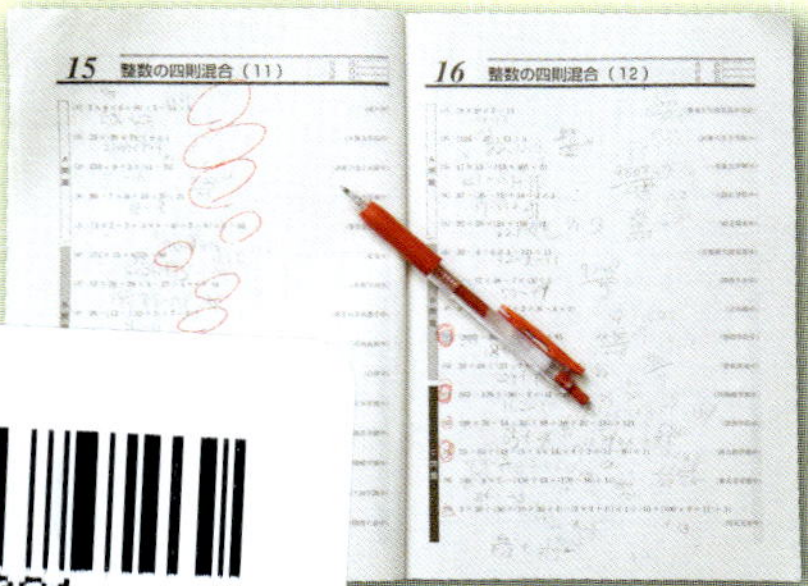

りした特製ノート

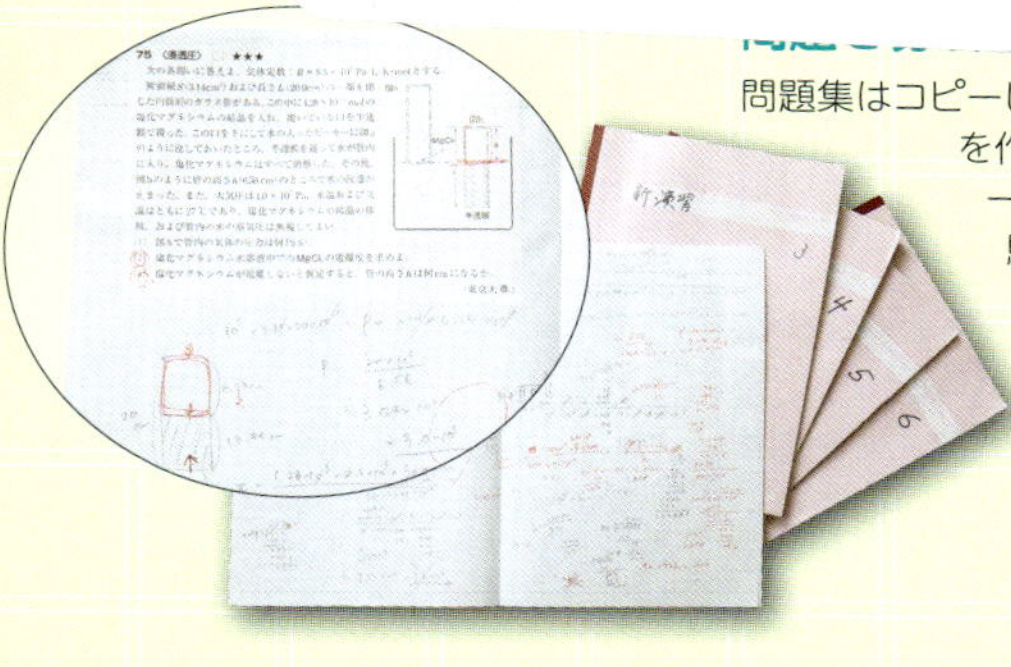

問題集はコピーして解答欄を空けた特製ノートを作成。これは化学の問題集をノートに切り貼りしたもの。大学受験の問題集1冊でだいたい10冊のノートができます。これだけやればいいと、するべき量が見えるメリットがあります。問題集1冊の切り貼りといっても1日あれば完成します。→076ページ

100円ショップのプラスチックケース

「教科書がない」「ノートはどこ?」「ちゃんと片づけないからでしょ!」というトラブルを解消するケースです。教科別につくって、教科書も問題集もノートもぽんぽんと入れて棚に入れたら探す時間がほぼゼロに。

→140ページ

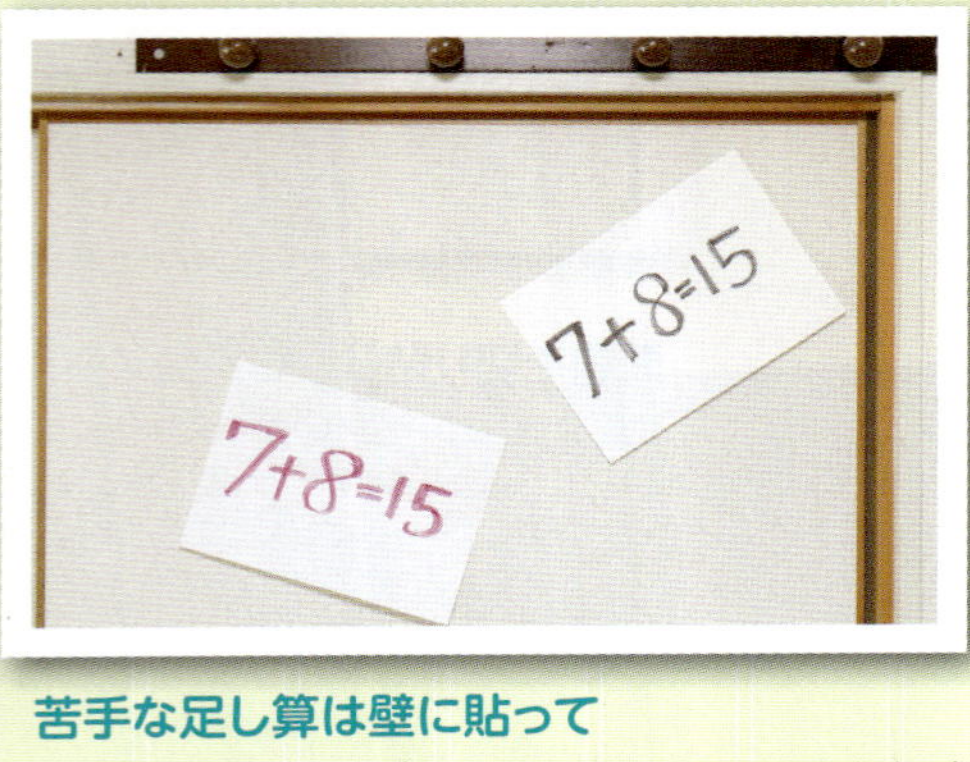

苦手な足し算は壁に貼って

苦手な足し算があれば覚えるまで壁に貼っておきます。斜めに貼るのがコツ。水平に貼ると景色として溶け込み、視野に入らなくなるからです。色を変えて変化をつけます。ただ1枚は黒字のものを入れて。黒は一番目に入りやすい色だからです。→160ページ

勉強ノート

何をいつするか計画を立て、実行したことをノートに記入すると円滑に勉強が進みます。今、何をしようとしてどこまで進んだかを知ることができ勉強に対するストレスが軽減されます。

→178ページ

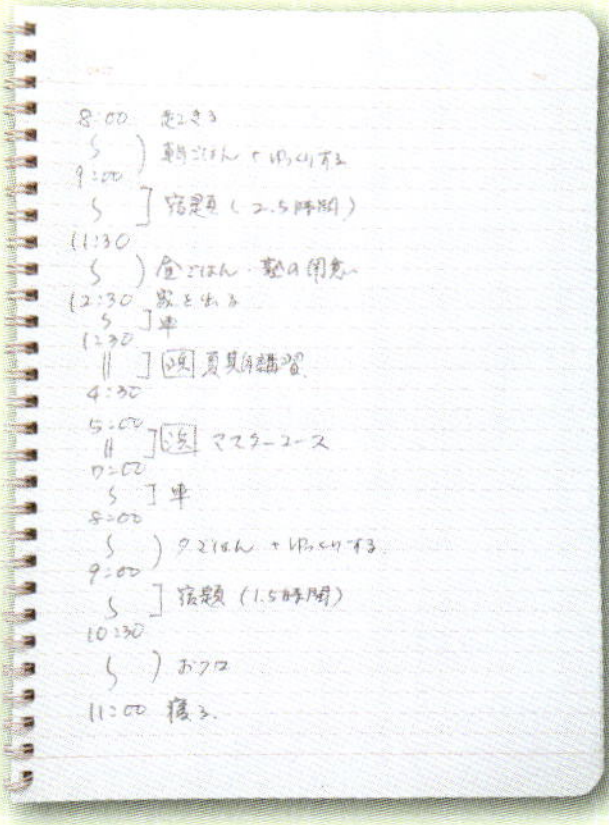

インデックス

問題集や参考書に章ごとのインデックスをつけると探す時間が短縮されます。探すのは1〜2秒のことですが小さなことが勉強の効率を上げ、成績アップに結びつきます。

→194ページ

カラーノート

問題集は3回ぐらいすれば必ず実力アップします。1回目は白、2回目からピンクやグリーン、黄色などのノートを使うと気分がアップします。大学受験で、入試の解答用紙にはラインが引いていないのが普通なのであえて無地のノートを使うと本番への準備にもなります。 →208ページ

付箋がつくれるのり

最近、注目しているのり「ペタッとマーカー」(マインドウェイブ)で、付箋メモが簡単につくれます。塗って乾く前に貼ると強力なのり、乾いてから貼るとはがせる付箋になって便利です。このような製品など、勉強の能率を上げてくれる道具はとても大事です。

マーカー

苦手項目を貼って覚えたり、表紙にタイトルを書き込んだりマーカーはよく使う文具です。買い足しているうちに引き出しいっぱいになりました。

書棚

問題集や赤本、過去問などを入れた書棚。ここでも100円ショップのプラケースが活躍。教科別、ジャンル別に入れて収納するとすぐ取り出せます。

3男1女　東大理Ⅲ合格百発百中
絶対やるべき勉強法

佐藤亮子

GENTOSHA

はじめに

今年の春（２０１７年3月）、わが家の末娘である長女が東京大学理科Ⅲ類に合格しました。

これで、長男、次男、三男に続いて４人の子どもたちが全員、東大理Ⅲに進学したことになります。

これまで3人の受験を経験して、私なりに東大理Ⅲに合格する方法を会得してきたつもりでしたが、女の子の受験ははじめてで未知の部分が多く、無事に合格したときはほっとしました。

受験生の持ち時間はみな、同じです。**受験は、限られた時間をいかに有効に使って勉強して実力を伸ばすか**、そして入学試験本番でいかにして決められた時間内に合格答案をつくりあげるかの真剣勝負です。かなりハードな状況の中に置かれるので、体質的に女子には受験は向いていないと感じることも多くありました。

まず、基本的に女子は男子に比べ体力がありません。根を詰めて何か月も勉強する日々を送ると心身に負担がかかる場合があります。

わが家の上3人の息子たちは、ずっと部活動に熱中していて、残り半年というときに切り替えて勉強に集中し、ラストスパートをかけて合格しました。男子にはそのような例をよく聞きます。しかし個人差はもちろんありますが、男子に比べて女子ではそう多くないように思います。

私は、**女子は短期決戦で無理をするのではなく、長い期間をかけてゆっくり地道に学力を上げていくやり方**のほうが適していて、子どもにとっても親にとってもラクだと思いました。

学校生活やおけいこごと、おしゃれを楽しみながらでも、きちんと段階を踏んで勉強したら必ず目標の場所に行くことができます。

この本では女子の受験ならではの方法を中心に書きました（もちろん、男の子にとってもゆっくり&コツコツスタイルは有効です）。

上の子3人の合格後、メディアの取材を受けたり講演に呼ばれたりして、子どもたちの勉強法について質問されることが多くなりました。

具体的な質問の後、「佐藤さんのおうちのお子さんはもともと頭がいいんでしょう?」と言われることが多いのですが、そういうわけではありません。

4人の子どもたちには苦手なひとけたの足し算があったり、単位の変換が理解できなかったり、英語の点数が取れなかったりとそれぞれに不得意な項目がありました。子どもたちが難関と呼ばれる大学に合格したのは、私といっしょにそれらを1つずつ潰して先に進んでいった結果にすぎません。

「佐藤さんのようにはとてもできません」ともよく言われますが、東大入試の数学や物理などの問題を親がわからなくても(もちろん、私もわかりません)、子どもに正しいひらがなの書き方を教えたり、足し算や九九の練習を見てあげたりすることはだれにでもできます。

実は小学校低学年で習う内容が非常に大事で、中学・高校の成績、大学受験や、大人になってからの生き方にまで影響します。

この本では幼児期から小学校低学年を中心に、学習習慣のつけ方や、中学・高校時代の勉強法を紹介しました。学校や塾の教師でも教育の研究者でもない、普通の母親の立場で考えたことを載せてあります。

基礎を固めれば小学校でも中学・高校からでも力が伸び、その先に大学受験がありますので、東大合格も決して遠いものではないはずです。

子どもはだれもが勉強ができるようになりたいと願っています。「自分でやり方を見つけるのも勉強である」「親が手をかけすぎると甘えてしまい自立できない」とよく言われますが、そうでしょうか?

苦手な項目があって困っているのにそのままにしておくのは、かわいそうだと私は思います。**勉強は1人ではなかなかすることができません。**子どもは勉強をする姿をいつも横で見てくれる人を待っています。

勉強のスイッチが入らないならプリントにかわいいシールを貼って勉強タイムを楽

しく演出してはどうでしょう？　苦手な分野を発見したら、学年を戻って復習する計画をいっしょに立ててあげてください。

子どもの立場になり、寄り添ってください。そうすれば必ず成績が上がり、お母さんも達成感が味わえると思います。

4人の子どもの勉強にずっとつきあってきた経験から、私はどうしたら確実に合格できるか、そのためにはどのような具体的な方法があるのか、みなさまにお伝えしたいことがたくさんあります。

もう1人子どもがいても合格させる自信があります。

娘の受験を経験してみて、私のやり方は女子にも通用すると自信を持つことができました。成績を上げて、志望校合格を現実のものにする方法をこの本で紹介していこうと思います。

この本に書いたことは私の試行錯誤の集大成です。何か1つでもヒントになることがあり、お子さんの成果につながればこれにまさる喜びはありません。

3男1女　東大理Ⅲ合格百発百中　絶対やるべき勉強法　目次

第1章

女子の受験は長期戦でコツコツと安全型をめざすと有利

第2章 長女の東京大学理科Ⅲ類合格記録

第3章

子どもを伸ばす母のキメ技。叱らず、比べず、手を貸すこと

第4章

子どもの能力を引き出す3歳までの育て方

第5章 子どもが「勉強って楽しい!」と思う学習習慣のつけ方

第6章

小学校低学年までに、ひらがな、1けたの足し算、九九を鉄板に

ひらがなを読む・書く

1けたの足し算

九九を覚える

第7章 小学校時代にクリアしたい苦手克服法

国語の勉強法

算数の勉強法

社会・理科の勉強法

第8章

問題集中心で効率よく実力をつける、中高時代の勉強法

第9章

確実に合格する大学受験のスケジューリングと科目別攻略法

装幀　石川直美(カメガイ デザイン オフィス)
写真　岡本尚樹
協力　今津朋子
DTP　美創

第1章

女子の受験は
長期戦でコツコツと
安全型をめざすと有利

女子は本質的に受験に向いていません

受験は、最終的には限られた期間に集中的に勉強し実力を上げ、試験本番では制限時間内でいかに確実に合格点を取るかの勝負です。

評価されるのは点数だけ。非常にシンプルな世界です。

受験とは**1本の鉛筆だけを頼りに、たった1人で自分の新しい世界を切り開くために立ち向かうもの。**

一瞬で終わってしまう入学試験のために、受験生は長い間努力して準備し、学力を磨いて臨みます。

また、受験はギャンブルの要素もあると言えます。どんな問題が出るかわかりませんし、例年と出題傾向が変わることもあります。問題を見て頭が真っ白になればその時点で終わります。だから用意周到で受けに行かなければなりません。

この厳しい受験の世界に基本的には、女子は向いていないのではないかと私は感じています。

まず、男子と女子では体力が違うのです。

中学受験直前の小学6年生の夏休み、私は上の男子3人には1日の休みもなく勉強の日程を組みましたが、末の長女は体力的に無理があるなと思い、お盆や最終週に休息日を設けました。

また女子は思春期に、体調の変化があり、男の子以上に接し方に気をつける必要があったり、学校での人間関係に悩むこともあったりすると聞いています。

また、女子は概して理系科目が苦手で、文系でも5科目での受験が必要な国公立大学の入試では不利になりがちです（わが家の長女はこれとは反対に、文系の暗記科目が不得意だったので個人差はあります）。

エスカレーター式お嬢様学校に進学する？

では、親は女子の進路をどう考えたらいいでしょうか。

男子と点数を競うようなハードな受験を避け、勉強よりもゆったりとした校風の学校を志望するのも1つの方法です。

長女が中学受験を控えた時期に、ある入試説明会に出席しました。

すると、入試の難易度とともに、学校の制服や通学しやすいかどうか、雰囲気はどうかに関心を示す保護者の方が多いのに気がつきました。それまで、男の子3人の中学入試を体験して、いかにして1点でも多く取るかに真剣になっていたのとは違う雰囲気でした。私は、「なんでおばあちゃんがあこがれて着たかった制服を自分の娘に着せたいんだろう」とびっくりしました。

しかし、たしかに、中高と6年間通うのですから制服や通学路は大事です。穏やかな雰囲気の中でなら、のびのびと子どもの個性が生かせるでしょうし、大学まで続くいわゆるエスカレーター式の学校で得意な分野に力を入れるのもいいことだと思います。

持っている力をできるだけ伸ばしたい

しかし、私は、女の子も男の子と同じようにできるだけ学力を伸ばしてその子の入れる一番上の学校に入れたいと思いました。

この日本は、女性進出が進んだといってもまだまだ男社会であるのは間違いありません。娘も大学を出て社会に出たらおそらく何らかの男女差別に出会うことでしょう。そのときに、だれにも負けない実力を持って立ち向かっていってほしい。

この世の中をよりよくするには、やはり女性の感性や存在はあらゆる分野で絶対に必要なのです。

差別がある世界で、**毅然と生きていくには、女性だからこのくらいでいいという甘い考えではダメ**なのです。大学受験は、男女まったく関係なく戦える最後のチャンスと言えます。私は、娘にその平等の中で自分の手で勝ち取った点数で戦ってほしかったのです。そのために、娘を上の兄たち以上に鍛えあげようと思いました。

勉強することはとても大事です

私は男性と女性がともに、それぞれ生きがいを持って助け合って生きる社会が理想だと思っています。

現代でこそ、男女共生社会と言われて女性が活躍していますが、日本で女性が選挙権を得られたのは１９４５年と決して昔の話ではありません。20世紀は「戦争の世紀」と呼ばれていますが、人間の歴史は戦争の連続でした。私はもっと社会に女性的な視点があれば戦争は止められるのではないかと思っています。家庭に父と母がいるように、社会にも男性の視点と女性の視点両方が必要だと思います。その点でも、女子も自分の力で生きていくことができるように育てたいと思ったのです。

勉強はいつの時代にも大事です。

よく、「勉強ばかりしていても頭でっかちになるだけで人間性が欠ける」と言われますが、私は**知識があるからこそ論理的に考えることができ、善悪を判断する力が育つ**のだと信じています。

知識は人生を豊かにもします。子どもたちが敬愛していたある社会科の先生が、なぜ勉強をするのかについておっしゃったことがあります。

「歴史を勉強するのは戦争を起こさないためです。第一、歴史や地理の知識があれば旅行したとき、楽しいでしょう？」

子どもたちは、勉強することはテストのためだけではなく、リアルな生活に役に立つのだと感じていました。

受験は男女が平等に競える世界

男の子も女の子も一生懸命勉強してほしいのですが、しかし私は長女に「エリートをめざせ」とか、「キャリアウーマンになってほしい」と望んでいるのではありません。

私は子どもが18歳まではできるだけ子どもに寄り添って育て、勉強にもていねいにかかわり、学力を上げる工夫をしますが、その後はその子が自由に決めたらいいと考えています。

医者になっても、研究者になっても、会社員でも主婦でもミュージシャンでもOK！

でも、それまでは学力を伸ばしてほしいと願ってきました。

受験は平等なシステムです。今年（２０１７年度）の東大理Ⅲの入学者１０１名中女子は21名ですが、それは試験をして点数の上位から合格者を決めた結果です。

まだ男性優位の世の中で、女子を優遇するのでもなく、性別に関係なくシンプルに点数を取った者が合格するという受験のシステムは、コネも情実も利かないわかりやすく平等な世界だと思います。

女子の受験は長期戦でコツコツ。受験は先行逃げ切り型が有利

では、体力的にハンディがある女子の受験を成功させるにはどうしたらいいでしょう。

第一は時間をかけることです。

時間をかけて長いスパンで勉強を進めていくのです。

わが家では長男が高校3年生の夏までサッカー部に所属していました。次男は中学まで野球部に所属、三男も高校2年まで卓球部で思い切り部活動をやり切っていました。塾に通い始めたのは、高校1年からや2年からでしたので短期決戦型と言えます。

これに対して長女は長期戦で臨みました。

兄たちは小4で中学受験のための塾に通い始めましたが、長女は小2から通塾しました。

大学受験塾も中学入学と同時に通い始めました。

「早い時期から塾に行かせるのはかわいそう」と言う保護者がおられますが、そうではありません。合格するために**必要な勉強量は決まっているので、その量を3年間でするのと5年間でするのとでは、後者のほうが毎日の勉強量は少なくて済みます**。先に延ばすのではなく前倒しで始めるのです。

進学塾といっても小2〜3なら週2回程度。塾に慣れることからゆっくり始めることができます。

ちなみに個人差はありますが、男子はむしろ短期決戦型のほうがうまくいく場合が多いようです。中学入学と同時に進学塾に通うと途中でだらけてしまって、成績が伸び悩むことがあります。また、塾の行き帰りに寄り道ぐせ、遊びぐせがついてしまい、いざ受験という段になって結局、実力不足で不合格という話もよく聞きます。

最近、あまり勉強しなかった女子生徒が勉強に目覚め、一念発起して有名大学に進学したという例がメディアで紹介されたために、女子も短期決戦が利くと思われる方もおられるかもしれませんが、それは珍しいから話題になるのです。科目数など比較的負担が少ない受験の話なので、科目数が少ない学部を受験するのなら参考になるのかもしれません。

東大をはじめとする国立大学の5科目入試に対応するにはやはり長期戦が有利です。受験にギャンブルの要素があるのだとしたら、ギャンブル性をいかに減らすかが受験に成功するコツですので、どんなに意表を突く問題が出されても動揺しないように、地道な努力を積み重ねていかなければなりません。

基本的に、入学試験だけではなく資格試験なども含め、どの受験でも、合格するには、間際になって慌てるよりも前もって充分に時間をかけて準備する「先行逃げ切り型」が有利です。

女の子が受験する場合は体力的な差をハンディと考えず、むしろ〝安全型の受験ができるので有利〟であると前向きに捉えて、早めに勉強を積み重ねていくといいでしょう。

睡眠時間はたっぷり取って

女子は無理が利かない分、男子より健康には気をつけていました。特に睡眠をたっぷり取るようにしていました。

男子も同じですが、「寝ないでがんばるぞ」と深夜まで勉強するのは脳科学的に得策ではありません。よく寝てスッキリした元気な脳で勉強するほうが能率が上がります。

親によっては、「いつまで寝ているの」と子どもを叱《しか》ることもあるようで、寝ることに罪悪感を持っている受験生は意外に多いのです。せっかく寝て疲れが取れたのに、寝ていたことを怒られたのでは、また疲れてしまいますよね。

特に、育ち盛りの小学校時代の睡眠はたいせつなので、わが家では受験のために睡眠時間を削られることがないようにしていました。

勉強は寝ないでするものではなく、起きているときにがんばってするもの。やるだけやって、終わったらパタンと寝る生活が健康的です。

わが家で決めていた小学校時代の就寝時間は以下のとおりです（男の子も女の子も同じ）。

小学1、2年生＝午後9時
3年生＝午後9時30分
4年生＝午後10時30分
5年生＝午後11時
6年生＝午後11時30分

中学・高校時代は、息子たちは学校が遠く朝が早かったので午前0時までに就寝。長女は通学時間が1時間余りで乗り換えなしと、兄たちよりはラクなので午前0時30分に就寝ですが、疲れているときは早めに寝て9～10時間の睡眠時間を取ったり日曜日にお昼まで寝たりして、疲れを残さないようにしていました。

私は、この就寝時間を1日のゴールとして、勉強時間、お風呂、食事の時間を逆算して、予定を立てていました。

女子受験の意外な敵、それは髪を乾かす時間でした

わが家の長女は〝美容女子〟です。高校時代、ドラッグストアに行ってはトリートメントなどのヘアケアグッズ、加圧ソックスなどの美容グッズを買ってきて試していました。

友だちと情報交換をしたり、楽しそうだったので私はそのことについては何も言いませんでした。

長女は特にセミロングにした髪を大事にしていて、バスタイムもゆっくりで、ていねいに髪を洗っているせいか40分かかっていました。お風呂から上がって髪を乾かしてヘアケアするのにも約40分。観察していると、オイルをシュッシュッとかけてドライヤーでガーっと乾かして、次にまた何かを塗ってさらにマッサージで仕上げています。

合計80分です。お兄ちゃんたちはみんな、お風呂に入って髪を洗っても合計で15分もかからなかったのに、その差65分！「65分で何問、問題が解けるかしら」と私は気を揉むばかりでした。

では、このタイムロスを解決するために娘に髪を切るように命じたらいいのかというと、そうではありません。切りたくないのに受験の邪魔になるからむりやり髪を切らせるのは、本人の意思を尊重していないことになりますし、**受験に対するモチベーションが下がってしまって逆効果**です。

ある日、「髪の毛がきれいでサラサラだとテンションが上がる」と長女が言っているのを聞いて、この子にとってヘアケアはとても大事なことなのだとわかり、私も彼女の気持ちを大事にしようと思いました。でも勉強も大事。どうしよう？

そこで私は「アマゾン」でプロの美容師さんが使う業務用ドライヤーを買いました。大風量のドライヤーでガーッと乾かしたら時間が20分短縮されました。

あとはバスタイムです。受験が大詰めになってもゆっくりお風呂に入っているので、とうとう私もいっしょにお風呂に入って髪の毛と背中を洗ってあげることにしました。

娘が合格して家を出たらいっしょにお風呂に入ることもなかなかできないでしょうから、これが最後だなあとも思いましたね。これでバスタイムは20分となり半分に短縮。ラストスパート時期に1日40分の時間が生み出されました。

受験期でも本人にやりたいことを我慢させるのではなく、道具を替えたりやり方を変えたりして改善していくと、余計なストレスや無駄な時間、母娘間のいざこざもなく問題が解決すると思います。

受験のやり方はこれでなくてはいけないという決まった型があるわけではありませんので、その子どもなりのオーダーメイドの方法を考えて実行するといいのではないでしょうか。

〝追い詰めない受験〟で幸せに

子どもの個性は千差万別、だからこそ子育てはおもしろいのです。

そして、三つ子の魂百までと言われるようになかなか性格は変えることができません。のんびり屋さんはいつまでたってものんびりしていて、時間との勝負になる受験にはたしかに不利ですが、その分早く始めればよく、理解するとおもしろい発見をすることもあります。

のんびりした子を一気呵成《いっきかせい》に集中型に変えようと思っても不可能です。たとえ、滝に打たれて修行させても変わらないでしょう。

それならば、その個性を100%認めてあげて、その個性をどうするかを考え、時間の使い方や勉強のやり方を工夫したらいいと思います。

子どもを追い詰めてしまうと、彼らが苦しむことになり、たとえ合格しても燃え尽き症候群になって学校生活を楽しめなくなったり、入学後の成績が伸びなかったりといい結果になりません。

子どもをよく観察することは子育てでとても大事なことですが、受験勉強中こそ、その表情をよく見ていてください。

子どもがいつもにこにこしていたら、勉強はうまくいっています。反対に、重苦しいような暗い表情をしていたらやり方が間違っていますので、勉強法を変えてください。やり方を変えずにその子をもっとがんばらせるというのは、追い詰めることになります。

その子の将来を思って、幸せになるために受験するのに、悲しい顔をしていたら本末転倒ですよね。

女子特有の多色ペンでのノートづくり対策

女子はきれいなもの、かわいいものが好きで、文房具をそろえたりペンケースにこだわったりする傾向があります。長女も小学生のころ、通塾用のリュックのデザインにこだわって、あれこれ選んでいました。上3人のときは、実用性を重視しデザインは二の次という感じでしたので、やはり女子は違うなと感心したものです。

筆記具にもこだわっていて、たくさんの色のボールペンを買い込んで喜んでいました。

普段のメモや日記などを書くときにカラフルなボールペンで書くのはいいのですが、

勉強のノートを取るときはあまりたくさんの色分けはしないほうがいいでしょう。

女の子は見出しを色分けしたり、マーカーで重要項目にラインを引いたりして、できあがったノートは参考書顔負けの完成度！　となりがちです。それで完結してしまったような気がするので、実は覚える作業がおろそかになってしまいます。**ノートはあくまでも備忘録くらいと考え、美しさはほどほどにしたらいい**と思います。

授業を聞きながらノートを取るとき、多色使いをするのは時間ロスが生まれます。まず、「何色を使おうか」と考える時間、そしてマーカーのキャップを開け閉めする時間。その一瞬に先生の講義を聞き逃してしまう危険性があります。

うちの長女は塾の授業では、先生の板書が終わるとほぼ同時に自分のノートに写し終わるようにしていたので、使用したのは、「赤・青・緑」の3色のみ。これにシャープペンシルが筆記具のすべてです。授業のスピードが速いので、シャープペンの芯を出し、ボールペンもいつでも使えるようにして並べておきます（ノック式の3色ボールペンは色を出す時間がもったいないので使いません）。こうして置いておくと次に使えて時間ロスがありません。

限られた時間内に集中して勉強を進めるためには最低限の筆記具で戦うのがベストです。

友人関係に悩んだら、大人の介入も必要

長女は友人関係でトラブルになったことはなく、中学・高校と良いお友だちに恵まれて楽しい学校生活を送ることができました。しかし友人関係に悩んでそのことが受験に影響が出ることも多いと聞きます。

それは女子特有の資質によるものかもしれません。上3人の男の子のときはすべてを友だち同士で公開していました。灘の校風かもしれませんが、受験や成績に関しても、

「オレ、センター試験○○点だったわ。やば～い」

「○○大を受けるつもり」

「落ちたわ。予備校行くわ」

などと点数も志望校も普通に言い合っていました。

しかも、

「ここの分野こう勉強したらいいよ」

「落ちた？　予備校がんばれよ」

とアドバイスし合ったりエールを送ったりしますので、とても風通しのいい関係でした。

しかし、女子同士ではなかなかこうはいかない場合が多いようです。

世の中ではいじめ問題があったり、ＬＩＮＥグループで仲間はずれになったりすることがあると聞いています。ＬＩＮＥは、よりパーソナルなコミュニケーションがとれる場なので、その分、こじれたら問題が複雑になります。

もし、**トラブルがあったら子ども自身が解決することは難しい**もの。大人が断固とした態度で介入するべきと思います。

これは私の提言ですが、現行の小中学校で週１時間ある「道徳」の時間で「ネットの使い方・SNSのマナー」を教えたらどうでしょう。SNSで人間関係が損なわれる危険性や、実際に起こった事件等を、新聞などを使って解説したり、クラスで話し合ったらいいのではないでしょうか。

もはや子どもだけでは解決できない問題なので、世の中の大人全員で考えるべきだと思います。

お弁当箱は50個用意

息子も娘も中学・高校はお弁当でした。

男子は「お肉をたくさん食べたい」が第一の関心事だったのですが、女の子はお肉は大事ではなく、見た目と「サラダをたくさん」にこだわっていました。

とりあえず私がこだわったのは、まず残りものは入れないで好物を入れるということでした。

授業と授業の間のほっと一息つくお楽しみがお弁当の時間です。ですから、おかずは好きなものを中心に入れます。

お弁当箱のふたを開けたときに、前日の夕飯の残りが入っていたらテンションが下がるので、私はお弁当に入れるおかずはいつも新しくつくったものにしていました。

長女に関しては、ランチボックスにもこだわりました。

お弁当箱は毎日違うほうが目新しくて楽しいと思い、いろいろなデザインや形のものをカラフルに取りそろえていました。上の3人の男の子はお弁当箱がかわいいとか、色とかにはこだわらなかったのでせいぜい2〜3種類程度でしたが、女の子用にはいろいろなデザインのお弁当箱が市販されていることもあり、中学・高校を通して50個以上は買ったと思います。

ほかのお宅でも同じようにしているのかと思っていましたが、ある日、娘が、「こんなに毎日お弁当箱が替わるのは私だけだよ」と言っていたので、珍しいのかもしれません。

毎日お弁当をつくるのは私の楽しみでもありました。長女が大学に入学した今ではつくることができないのが残念です。悔いが残るのは、6年間最後のお弁当は心をこめて精一杯豪華なものにしたいと思っていたのに、忙しくてバタバタしているうちにかなりザツでフツーのお弁当になってしまったことです。そういえば上3人のときも、いつものから揚げに卵焼きなどのシンプルなメニューが最後のお弁当になってしまいました。まあ、そんなものなのかもしれませんね。

column

受験ごはんは栄養バランスを考えて

「佐藤さんはどんな食事をつくっていましたか」とよく聞かれます。

塾への行き帰りの小腹満たし用におにぎりを持たせるなどすると、どうしても野菜が少なくなりがちなので、家での食事では野菜をたくさん摂れるようにしていました。ただ、生野菜は体が冷えるため、煮ものや鍋もの、味噌汁に入れて、加熱してたくさん食べられるようにしました。野菜をたくさん摂るには鍋ものがおすすめです。

たんぱく質は、どうしてもお魚が少なくなりがちなので干物も含め、魚料理は意識して食べるようにしていました。

炭水化物も大事な栄養素です。炭水化物に含まれる糖質は脳を働かせる唯一のエネルギー源なので、私はよく夜食として小さなおにぎりをたくさんつくってお皿に盛り、テーブルの上に置いておきましたが子どもたちに好評でした。ツナマヨ、辛子明太子が特に人気でした。

第2章

長女の東京大学理科Ⅲ類合格記録

わが家の方針は男女区別なく育てること

長女は1998年生まれ。兄が3人いてなんでもやってくれていたせいか、小さいころからのんびりした性格でした。

食べ方もゆっくりで、受験直前は「もうちょっと早く食べたら時間ができて、問題が解けるのに」と思ったことがあります。

わが家唯一の女の子だからといって育て方は、基本的には兄たちといっしょでした。「女の子だからこうしなさい」がない代わりに特別なお姫さま待遇もなく、兄たちといっしょにパズルをしたりトランプをしたりブロックで遊んだりして育ちました。

わが家では**3歳までに絵本1万冊を読み聞かせ、童謡を1万回両親の生歌で聞かせます**が、それも兄たちと同じでした（110ページ参照）。

王子さまが出てくる童話が大好き

1つだけ男の子と違うと感じたのは、お姫さまが出てくる絵本に興味を示したことです。

買いそろえてあった絵本の中に、『シンデレラ』『白雪姫』『眠り姫』などがありました。名作と言われるものはすべて読み聞かせておきたいと思って購入したのですが、兄たちはまったく興味を示しませんでした。おばけが出てくる話や、血がピュンピュン飛ぶような残酷な話は怖がりながらも喜んで聞いているのに、『シンデレラ』を読んでもつまらなそうに聞いています。お姫さま系で唯一興味を持ったのは『白雪姫』でしたが、それは毒りんごが出てくるシーンが興味深かったからだと思います。

ところが長女は『眠り姫』で王子さまが出てくるシーンが大好き。繰り返し「読んで」とせがまれたので何回も読み返しました。私は「やはり女の子だなぁ」と感心したものです。そのほかの車の絵本や、冒険もの、おばけが出てくる話も好きだったので、満遍なく読み聞かせました。

娘はそれまではわが家になかったおままごとセットをいただくと、面ファスナーがついている野菜や果物のおもちゃを包丁でザクッと切って料理をつくる遊びもしましたが、その姿を見ると女の子だなあとしみじみ思ったものです。

しかし、なんと、この面ファスナーのおままごとセットでザクッと切るのに一番熱中したのは兄たちで、みんなで長い間盛り上がっていました。

1歳で「くもん」を始める

1歳から「くもん」を始めました。

鉛筆を持って○やら線を書くことから始め、算数は「＋1」の計算から段階を追って進みます。ひらがなもやさしい字から書いていきました。

当時は兄たちが7歳、6歳、4歳で、くもんのプリントをするのを見ていたせいか、特に苦労もなく勉強する習慣がつきました。

大きくなった息子たちが言うには、「**勉強とはがんばってするものではなく、息をするように習慣的にするもの**」らしいのですが、普通に勉強する環境にあったので長女も息をするように知らないうちに鉛筆を持って書いていたという感じになりました。

娘がまだ小さいとき、長男たちが塾に通うようになると、私が送り迎えで忙しくなり、長女はいつも毛布とぬいぐるみとともに、車に乗せられていっしょに学校と塾の送迎につきあわされていました。

当時、娘は「私は車の中に住んでいる」と言っていたものです。

3歳か4歳のころ、いつも流している童謡のCDではなく、あるとき、「九九の歌」をかけてみたら、すぐに覚えてしまいました。

40分間の出来事です。子どもにとっては「九九の歌」は勉強ではなく、「ぞうさん」の歌と同じだと思うんだと実感しました。これで小学2年生の九九の授業は安心ということになりました。

3歳でバイオリン、4歳でスイミングを習う

おけいこごとも3人の兄と同様、スイミングとバイオリンを習いました。わが家は子どもが多いので、一度に連れていけるように同じおけいこごとをしたのです。バイオリンは成長するに従って大きいサイズに買い替える必要がありますが、わが家は次次にお下がりが使えるという経済効果もありました。

ただ長女だけは小学1年生からピアノも習っています。小学校に入学すると、ピアノを習っているお友だちが多くいて、学校でピアノを弾いているのが羨《うらや》ましかったようです。最初は、これ以上おけいこごとが増えると私がたいへんなので躊躇《ちゅうちょ》していましたが、ある日長女を見ると、家にあるピアノを弾かずにピアニカを一生懸命吹きながら弾いていました。いじらしくなって長女だけはピアノも習うことにしました。

兄たちといっしょにリビング学習

学習習慣がつくという点ではわが家は恵まれていました。

ダイニングに続くリビングに机が4つ置かれたリビング学習スタイルの完璧型。夕飯を食べるのはリビングのこたつタイプのテーブルで、終わったらすぐ横に机があって、兄たちが勉強を始めるという環境が整っていたからです。勉強はするのがあたりまえという感覚で、いやでしょうがないという気持ちはなかったと思います。

ちなみに、こたつになる座卓も勉強への導入として機能していました。

子どもは最初から勉強机に向かって勉強することがなかなかできません。

わが家では最初に字を勉強する時期を除いて、座卓やクッションにもたれたり、寝そべって勉強をしてもいいことにしていました。スタイルではなく実質を重視したのです。最初は寝そべって勉強し、そのうちにエンジンがかかってきたら机に向かいます。

勉強を始める心のハードルを低く設定する環境でした。

小学2年生で進学塾に入る

兄たちは小学4年生から進学塾に入りました。関西一円を中心に、愛知、岡山に教室がある浜学園（兵庫県西宮市）です。東京・神奈川には駿台・浜学園があります。

長女は兄たちに付き添う私といっしょに浜学園の説明会等によく行っていたので、その雰囲気には慣れていました。浜学園はテキスト、カリキュラムともに優れているとわかっていたので、娘もお世話になることにしましたが、早く浜学園に通いたいと言うので2年生から入りました。入ったのは3年生のクラス。1学年飛び級しました。

長男のときは、塾に行かせることや中学受験についてどうしようか迷いましたがやはり進学させてみて、**中高一貫のシステムは6年間でバランスよく学べて合理的**だとわかったので、長女は最初から中学受験を念頭に塾に入れました。

2年生から入れた理由は、くもんがかなり進んでいたので本人が楽しくできる学年を選んだのです。実は、兄たちのときは飛び級というシステムを知らなかったので、一度どういうものかやってみたいと思ったのも理由の1つです。それに、兄たちが実に楽しそうに浜学園に通っていたため、長女も早く行きたいと思っていたようなので、早めに入塾させました。

飛び級すると6年生クラスを2回繰り返すことになります。1学年上のお兄さん、お姉さんたちにかわいがっていただき、また次の年、同級生の方たちにも仲良くしてもらい有意義な2度の6年生クラスでした。

1回目の6年生クラスのとき。最後に実施された復習テストでなんとたまたま1番を取ってしまいました。1つ上の先輩から、「おまえなあ。俺たちの花道だったのに、どうしてくれるんだ〜」と笑いながら文句を言われたそうです。「ごめんね〜」と謝ってみんなで笑ったのもいい思い出です。

苦手だった単位の換算

わが家も何の苦労もなくスーッと大学合格まで行ったのではありません。あれができない、これができないということはたくさんありました。

長女は単位の換算が苦手でした。

長さの単位㎜は10進法で㎝、0が2つ増えてmになったかと思うと次は0が3つついて㎞になります。

体積では㎖という言い方とccが両方出てきて、ℓとdℓがありややこしいのです。

これも繰り返し練習問題をしました。

どれぐらい繰り返すのかというと、できるまでやるのです。「こんなにやるの？」と言うまででは足りません。**「こんなにやるの？　信じられな～い！」と言うまでやるのがコツ**です。

それが1万回だったら1万回すればいいだけのことです。

仕上がりに親子で妥協しないことです。

さらに、

「あなたは単位の変換が苦手だと自覚して、テストのときは問題用紙の空欄に1000cc＝1ℓとまず書いてそれを見ながら計算しなさい」

と指示しました。

苦手なのに暗算しようとしたりあてずっぽうに書いていては、いつになっても理解できません。まずはじめに空欄に換算の式、公式を書いてそれを見ながら問題を解くと間違えません。式を書くという短時間でできるひと手間で効果はてきめんです。

いつでも聞ける無料の家庭教師が3人

塾の宿題でわからないことがあれば、兄3人のうちのだれかに聞けばいいというメリットもありました。家に家庭教師が3人もいるわけです。ただ、怒られることもあり娘にとっては一長一短でしたが。

たとえば長男に質問すると、ていねいに教えてはくれるのですが、「少しは自分で考えて、できるところまで自分で理解してから持ってこい」と叱られます。

次男も要領よく親切に教えてくれますが、「ここがわかってないということは基本ができてない。戻って復習したら」とまた厳しいアドバイス。

三男はさらにキッチリしていて、「そもそも◯◯とは」と基礎的な理論から始まるので、目の前の宿題をさっさと済ませたい娘は足踏みしながら焦《あせ》っていました。

しかし、三男は教えるのが好きで、あるとき、理科の天体を長女に教えているのを見たことがありますが、**ゴムボールを使って太陽と地球の関係を解説する**ので、そばで聞いていてそのわかりやすさに感心したことがあります。

3人の家庭教師たちは大学受験時にも強い味方になってくれました。模試の結果をＬＩＮＥで東京の兄たちに送ると、一斉に「ここをもう少し補強して」「ここは惜しかった」などとアドバイスの嵐。とても役に立ちました。でも、「今日は文化祭でした」などという日常のＬＩＮＥはスルーだったので長女は少しがっかりしていました。

column

○家庭教師からの厳しいアドバイス

娘がよく兄から注意されていたのは、手を抜かないということ。たとえば、文章題を解いていて、少しやさしい問題のとき式をきちんと書かず暗算で答えを出したりすると「手を抜かないように」とかなり叱られていました。そのことは浜学園の先生もよくおっしゃっていて、私もうるさく注意していました。

基本的なところを手抜きしていると土台が崩れやすいのです。

昔、何かで読んだのですが、あるところに「私こそ、そろばんの名人だ」と主張する人が2人いて、どちらが本物でどちらが偽物かを判断しかねたとき、賢者が登場して2人に、「2+1はいくらか?」と尋ねたそうです。1人は「3」とすぐに答えたのですが、もう1人はそろばんで計算してから「3」と答えました。賢者はそろばんで計算したほうを本当の名人と判断したといいます。私はこのエピソードをよく子どもたちに話していました。

名人こそどんな簡単な問題でも手抜きをせずに、きっちりと段階を踏んで答えを出すという話です。

大学受験も兄たちを追って

長女は中学入学と同時に、進学指導塾「鉄緑会大阪校」に入りました。**中学時代は英語と数学の2科目を受講、高校1年生から化学、2年生からは物理も受講**して勉強していました。

鉄緑会のテキストにはCDがついているのですが、私は家で兄たちがCDを聞いているのを見たことがありませんでした。しかし、コツコツタイプの長女はテキストも読み、ちゃんとCDも聞いて勉強していました。

志望校は兄たちと同じ、東京大学理科Ⅲ類です。

比較的順調に成績を確保して、2年生のときには東大模試で理科Ⅲ類にA判定（合格確実）が出るレベルになりました。

学校生活も充分に楽しんでいました。

文化祭では教室を迷路にした催しに参加して、行ってみたら迷彩服を着ておもちゃの銃を持って案内役をしている姿が楽しそうだったのを思い出します。

小学1年生から始めたピアノも高校2年生まで続けました。勉強も一生懸命しましたが、勉強漬けではなくお友だちとも仲良くして楽しい中学・高校生活を送っていたようです。

思わぬアクシデント

高校2年生時には受験モードに入り、鉄緑会に週5日通うことになりました。勉強量が一気に増えてたいへんだったと思いますが、この1年間で実力がついたと長女は言っています。

受験生にとって高校2年生は大切な1年間と言えるでしょう。

駿台と河合塾が主催する模試も受け、高2の同日模試（大学入試日と同じ日に開催される模試）で東大理Ⅲの合格最低点を超えたこともあって、本人も自信がつきましたし、私も合格を確信していました。

しかし、3年生になる直前、これから受験本番という時期に思わぬアクシデントに見舞われました。体調を崩したのです。

2月になって発熱し1週間学校を休みましたが、熱が下がって登校した後3月末にまた発熱。「リンパ節炎」の疑いがあり病院で検査が必要と言われましたが、検査のときに首筋に傷がつくことを避けて、薬で治療することにしました。肝臓の数値が異常に高くなったので非常に心配しました。その後もなかなか熱が下がらず、完全に元気を取り戻したのは7月になってからでした。

高校2年生のときは、勉強を夜遅くまでやっていて日曜日に寝だめするという生活を続けていたので、その疲れが出たのかと後になって思いました。

受験は大事ですがそれよりも命のほうが大事。私は娘の体調が悪いとき、「焦らなくてもいいからね。今年は受験するだけにして、来年また受験したらいいからね」と何度も言いました。

受験は何が起きるかわかりません。その後夏から元気を取り戻して模試もいい成績で安心できるようになったのも、長い時間をかけてそれまで勉強してきた蓄積があるので焦らずにできたからだと思います。

夏期講習か、自宅で過去問かでバトル

娘と私は仲がよかったのですが、高3の夏にモメることが起こりました。

私は、ある程度実力がついてきているのだから、塾の夏期講習には行かず、家で東大模試の過去問をすることを提案しました。兄たちもそうしていたからです。しかし、娘はどういう理由からか夏期講習に行きたいと言いはります。

「お兄ちゃんと私とは違うから」と言うのです。娘とバトルになったことはほとんどないのですが、このときは口論になり、2日間口を利きませんでした。

とにかく早く問題を解決するために、東京の兄たちに電話して相談しました。すると、「夏期講習もいいけれど、たぶん実力がついているので過去問をするほうがいい。でも講習に行きたいのなら2日だけ行ったら」と折衷案を出してくれて娘も承諾しました。

結局、過去問を繰り返し解いたことでそれからの模試は常にA判定が出て合格することができました。娘がA判定の結果が出るたびに何事もなかったかのように「過去問をたくさんやって準備してよかった」と言うのには笑いました。私はそのたびに「ほらママの言うとおりにしてよかったでしょ」と言ったものです。

100年分の過去問を解く

模試や大学の入試の過去問は、その大学の問題傾向を把握し、時間配分を体得するためにとても重要です。長女は東大模試の過去問を8~10月にかけて解きました。量で言えば**100年分以上の過去問を解いた計算**になります。まず、東大入試の過去問を25年分、各予備校が実施する東大模試の過去問を、代々木ゼミナール、河合塾、駿台予備校の3種類それぞれ約30年分弱で、合計すると百数年分となります。兄たちも過去問をしましたが約30年分程度。長女はその何倍もの量をしたので、さすがの兄たちも笑って「100年分の過去問を母親からやらされているらしいな（笑）」とLINEを送ってきて励ましていました。

センター試験用の勉強

高校3年生の12月からはセンター試験のための勉強をしました。

世界史と国語を中心に、二十数年分のセンター試験の過去問をしました。センター試験の過去問の本はかなり厚く、非常に使いづらいのです。それで、カッターで1年ごとにバラバラにして使いやすく製本し直して、試験直前まで解く生活を続けました。

2017年度はセンター試験が1月14、15日と例年より少し早い日程だったので、解いた問題量は当初の予定より若干少なめだったのが残念でしたが、9割は超しましたので安心しました。

東大2次試験に集中

センター試験が終わったら、次の日から東大2次試験への追い込み勉強が始まります。

東京大学の25年分と模試の過去問の残りをひたすら解く毎日です。

一度過去問を解き始めたら、1科目2時間半、1時間半とかかりますので、本人はけっこうたいへんです。

それで私は、「のどが渇いた」と言われたらすぐにお水を持っていくなどのサポートをしました。

毎日の体調を見ながら勉強時間を設定して、私も1月、2月はほとんど外出しないで家にこもって勉強する娘につき添いました。

やさしかった数学にヒヤリ

このようにして受験当日を迎えたのですが、ヒヤリとしたことがありました。

2017年度の東京大学の数学の問題が、例年に比べてとてもやさしかったのです。

1日目の受験を終えてホテルに帰ってきた娘に「どうだった?」と聞いたら「数学がやさしくて時間が余ったんだけど……」と言ったので逆に心配になりました。

入試問題は難度が高すぎると受験生は解けずに青ざめますが、逆にやさしすぎると受験生の点数に差が出ず、小さなミスが命取りになり、これはこれで怖いのです。

東大理Ⅲ入試では国語、英語、理科（娘は物理、化学を選択）でほとんどの受験生が高得点を取るので、いわば数学が合否の分かれ目になるのです。その数学がやさしすぎたので、思いがけない失敗で点数を落とすとたいへんなことになります。

2日目の朝、私は「数学がやさしい年は理科が難しいことがあるから注意してね」と言って送り出しました。しかし、理科も例年よりやさしくてすべて済んだ後、自己採点をしてもいまひとつ合否が読めずにすごく心配でした。

3月10日、本郷キャンパスの合格掲示板に娘の受験番号を見つけたときは、ほんとうに嬉しく、娘と抱き合い泣いて喜びました。

本当のエリートをめざして

東京大学は日本を代表する大学で、研究者や研究のための施設が充実しています。4人の子どもたちが第一志望の東大に入学できたことはほんとうによかったと思っています。

親として、ひらがなや足し算から教えて、希望の学校・学部に4人が入学できたのはよかったと思いますが、大学入学はゴールではありません。入学して大学生のときにいろいろなことを学び、さまざまな体験をして自ら納得できる人生を切り開いていってほしいと思っています。

私にとって、子どもの東大合格はたまたまの結果であって目標ではありませんでした。
これは受験がうまくいく鉄則でもありますが、親が、最初から「○○中学に入れ」「○○大学に行ってほしい」と具体的な学校名を目標として示してしまうとそれは子どもにものすごく大きなプレッシャーを与えることになります。実際の入試は何が起きるかわからないので、実力があっても不合格になる可能性はあるのです。学校名を最初に設定してしまうと、「○○中学に行けなかった」「○○大を落ちた」というネガティブな思いをずっとひきずることになります。それで私は、具体的な学校名は決して口にしないことに決めていました。

志望校は中学受験なら小学6年生のとき、大学受験では高校2～3年生になって具体的に考え始めるので充分だと思います。それまではひたすら自分の実力を伸ばすようにしたらいいと思います。

もし、**小学生のお子さんがいて、東大に行かせたいと思ったら、お母さんは口に出さず、胸のうちに秘めておいて、勉強を進めてください。**

私は子どもの力をできるだけ伸ばした結果、そのときに行ける一番上の学校を受験すればいいと思っていました。東京大学理科Ⅲ類は結果でしかありません。最初の子どもはともかく、2番目、3番目になるとプレッシャーを感じたのではないかと思う方もいるかと思いますが、わが家ではそんなことはありませんでした。娘は「お兄ちゃんたちがこうやってたからこうしたらいいな」という身近な成功例と経験者の生の意見を聞くことができたので、3人の兄たちには感謝していると言っています。

合格には情報が大事です

力を伸ばし難関の大学に合格するために、いわば無駄のない合理的なコースというものがあります。

それは、

基礎的学習の達成➡進学塾➡中高一貫校➡進学塾➡難関大学

という道筋で、わが家では、

くもん⬇浜学園⬇長男、次男、三男は灘中学・高校
　　　　　　　　長女は洛南高校附属中・高校
　　　　　　　　⬇鉄緑会⬇東京大学理科Ⅲ類

でした。これが、東大理Ⅲまでの一番近道で無駄がないコースだと思います。しかし今は情報が手に入りやすい世の中ですのでどの高校からでも狙えると思います。

在籍している高校に自分の行きたい大学の進路情報が少ない場合は、まず書店で、合格体験記、受験情報誌を買いそろえ、ネットで細かな情報を集めて、自分が今から何をどのくらいやれば、志望校に合格するのかを精査する必要があります。

あくまで私見ですが、公立中学を経て公立高校から東大のような難関大学をめざすなら、**比較的時間に余裕のある中学時代に、英語を高校1〜2年レベルまで先取り学習する**といいと思います。英語はほかの教科と比べて時間がかかるので先にどんどんやっておいたほうがいいのです。塾に行ったり、英検を受験するなどがおすすめの方法です。

たとえば東大に合格するためには、それ相応の勉強をしなければなりません。それ

ぞれの教科にふさわしい定番の参考書、問題集が決まっているので、東大に入った人の合格体験記を読み、どんな参考書、問題集を使っていたかを知ることはすごくいいことです。

東大入学者を多く輩出している塾や予備校が情報を持っているので参考にしてください。

志望校が決まったら、志望校を体感するとモチベーションが上がります。

東大を見たこともなく何もわからないで勉強するより、東大生の話を聞いたりするとイメージがつかめたりします。やはりホンモノを見ると身近に感じられますので、オープンキャンパスを利用するのも1つのやり方です。ただし、高校2年までに行っておいてください。高3のときにそんなことに時間を使うのはもったいないです。

かつて東京大学は最難関大学でしたが、最近は昔に比べて入りやすくなっていると言われています。最初から手の届かない大学だとあきらめずに挑戦してみてはどうでしょうか。

日本の社会は学歴を重視しますが、高学歴とはたまたま受験期に勉強する環境が整っていたから得られたものにすぎず、私は、学歴そのものは、人の優劣を測るものではないと考えています。

東大出身者はエリートと呼ばれます。しかし、東大を出たからといって人間的に優れているわけではないことは大人ならだれでも知っています。

子どもたちには、「多少お金を稼いで家を建てて、『あ～満足』というのでは悲しい。人のために役に立つ仕事を一生懸命にすることが人生で一番大事」と伝えています。

英語の長文読解は「同時通訳方式」で見直し

長女が大学受験のとき、私がした勉強サポート術を紹介します。これは息子たちにもしたものです。

英語の長文読解は娘が解き終わると、私が答えを見ながら採点します。**私が採点するのに使うのは1・0㎜の赤いボールペン**です。太字なので○を書くと見やすく、いかにも正解したようで子どもも嬉しいのです。細い0・3㎜で○をすると薄すぎて見えにくい。採点のときは高3でもドキドキしていますので、赤が見やすいほうがテンションは上がります。これもささいなことかもしれませんが意外と大事なことです。その後、もう一度長文を読んでどこが間違ったかをチェックするのですが、そのとき、娘が英文を黙読していくのと同時に私が横で解答の和訳をゆっくり読んでいきます。

たとえば小説文の会話で、だれの発言なのかを誤読していることがあります。和訳を聞きながら再度読むと間違って読んでいる箇所がすぐにわかります。見直すときに本人が1人で英文を読み、となりに置いてある和訳を参照しながら進めると、どこで間違えたのかがわかりにくく非常に手間がかかります。娘が**英文を目で追いながら、私が横で同じ文の和訳を読む**。この同時通訳方式だとすぐにラクに終わります。

同じように、古文の長文読解と漢文も、

娘＝文章を黙読

母＝横で現代訳を読む

という同時通訳方式で見直しました。

これは息子たちのときも、実に効果的でした。

この同時通訳方式はほんとうにおすすめなのでやってみてください。

歴史上の人物はイケメン度で見る!

娘は世界史が苦手でした。歴史上の人物をなかなか覚えられず困っていたので、人物が出てくるたびに私がスマホで検索して画像を見せ、視覚的に記憶するようにしました。

私が調べて「バイロンってイケメン!」と言って画像を見せます。イギリスの詩人バイロンは、その美貌《びぼう》で多くの恋愛を経験し、そこから作品を生み出しただけあって、かなりの美男子で、2人で盛り上がりました。

世界史の文化の分野は、大人は常識としてそこそこ知っていますが若い世代は知らないことが多くて、ヘレニズム文化の彫像を写真で選ぶとき、どうしても娘は間違うのです。

「ヘレニズムはイケメンのほうを選んで」と教えて、別の問題をさせたら、また間違えました。「なぜこっちを選んだの」と聞くと「だってママ、イケメンを選べって言ったじゃない」と言うのです。よく見たら、たしかに娘が選んだほうは娘の好みの顔。「なるほど」と思い、「ヘレニズムは着てる服も見て、服と顔で選んでね」と条件を増やすことで一件落着しました。

歴史の暗記が特に苦手で、「世界史はもう一生しないわ」と言っていましたが、私としては２人でけっこう楽しく勉強できたと思っています。

化学の問題集をコピーしてオリジナルノート作成

化学の学習で、まずはじめにするべきとされている問題集が厚くて重いので、**問題をコピーしてノートに貼り、オリジナル問題集を作成**しました。ノートの端の上にコピーした問題文を貼り付けて空白をつくって解答欄にします。このノートがあれば通学途中にでも問題を解くことができるので、子どもたちに感謝されました。

厚い参考書は分冊カスタマイズ

娘が使っている物理の参考書は厚みがあって持ち運ぶと重く、学校に持っていくのがたいへんでした。そこで私がこの本を章ごとにばらばらに分け、それぞれクリアファイルを使って表紙をつけて分冊化しました。そうするとやりたい章だけを持っていけるので便利でした。

もし、厚さがある問題集があって最後まで解くのがたいへんと感じたら、分冊してみたらいいと思います。大きな山を1つ登るよりも小さな山が何個もあるほうが登りやすく感じるのです。そういう小さな工夫が受験にはたいせつです。

参考書や問題集はそのまま使うものと思われがちですが、使いやすいように切ってもかまいません。内容を習得するのが目的なので、形にはこだわらなくていいのです。

学校に通うとき、荷物はなるべく軽くするのが得策です。重いと通学の負担は予想以上になるので工夫が必要と思います。

重いものを毎日持っていくのが人生の修行のように考える根性主義では、現代の受験は乗り切れませんよ。

第3章

子どもを伸ばす
母のキメ技。
叱らず、比べず、
手を貸すこと

「実家は楽しかったなぁ」と子どもが思い出せる家庭に

私の子育ての最終目標は、子どもが大人になって振り返ったとき、

「実家でのお父さんとお母さんときょうだいたちとの生活は楽しかったなぁ」

と思ってもらえることです。

そのためには子どもがいつも笑顔でいられること、私自身も楽しむことを目標に子育てしてきました。

もちろん私も感情的になって子どもを叱って反省したり、子どもを否定したりしたこともあります。この本で述べていることは、私が試行錯誤の末にたどりついた方法を集大成したものなので、それぞれのご家庭には合わないものもあるかと思いますが、みなさん方それぞれにご自分に役立つような部分を使ってくださいね。

子どもはスーパーマンじゃないからかわいいのです

多くのお母さんたちは、自分の子どもをどのように育てようかと思い浮かべるとき、理想の子ども像を思い描いてしまいます。

実は私もかつてはそうでした。

理想の子どもとは、「勉強しなさい」と言えば「ハイッ」と元気に返事をして、自分で教材を出してすらすらと解き、体育祭があれば猛スピードで走って一等賞を獲得し、音楽会があればクラス代表として指揮をしたり難しい楽器を演奏するような子。性格は優しく、家では率先してお手伝いをするような子ということになるでしょう。

何千人に1人はそのようなスーパーマンみたいなお子さんがいるかもしれませんが、実際にはなかなかそんな子どもはいませんよね。

ロボットではないのですから、ときには勉強したくないとダダをこねたり、おもちゃを片づけられなかったり、何を始めるにもスロースタートしかできなかったりする子がいます。

「佐藤さんのお子さんは何でもできるスーパーマンのようなお子さんたちだったのでしょうね」と言われることもありますが、もちろんそんなことはありません。

みなそれぞれテストで悪い点を取ってきたり、宿題や持ち物を忘れて学校に行ったりと完璧とはほど遠く、きわめて子どもらしい子どもたちでした。

でも、子どもってできないことがたくさんあり、その未熟さゆえかわいいのではないでしょうか。

4人を育てて、**持って生まれた性格は基本的にはずっと変わらないんだ**ということに気がつきました。

持って生まれた性格を変えようとするのは無理だともわかりました。

のんびり屋の子をいくら叱咤激励しても、きびきびタイプの子に変えることはできないと思ったほうがいいのです。

のちのち、大人になって多少、きびきびと動くようになりますが、それは仕事のため、必要に迫られてそうしているのであって、根本的に性格は変わらないような気がします。

お母さん方はそののんびりした子どもの性格を変えようと思うからストレスを感じるのであって、変わらないと思えばむしろ気がラクになりませんか？

その子のありのままをまず受け入れることです。そしてその特性を生かしてどうするかを考えるのです。そのほうが親も子も楽しく生活を送れます。

たとえば忘れ物ばかりする子どもがいたとして、

「どうして忘れ物をするの。気をつけなさい」

と叱り続けるのではなく、

「あなたは忘れ物をしやすいのだから、人より前に準備をしなさいね。持っていくものは必ず前の日に用意するのよ」

と具体的に指示するとわかりやすいでしょう。

理想の子どもはこの世には存在しないことをまず理解したいものです。

叱らない。褒める

「叱らない子育てをしましょう」と言うと「それは理想ですね」と言うお母さんは多いです。私も100％叱らないで育てたと言える自信はありません。

長女は算数の「単位の換算」が苦手でしたが、あるとき、「どうしてわからないの」とひどく叱ったばかりか、持っていたノートで長女の頭をバンバンとたたいたことがあります。

そういうときは感情的になっているので手が止まらないのです。娘は思わずノートをよけるために頭を傾けたりするので、「なんでよけるの？」とまたバシバシ。

たたいたのはあれが最初で最後でしたが、たたきながら怒りがこみあげてきて、手を止められない自分に驚きながら、やはり子どもに手を出すのはよくないと身につまされた出来事でした。

しかし、その後は反省して叱ることは、ありませんでした。

何か子どもに不満なことが起きると、親はその事実にとらわれすぎて周囲が見えなくなってしまい、感情的に叱ってしまいます。「言われたことをしない」「なかなか覚えられない」という事実ばかりに目が行くと、冷静でいられないのでしょう。でもそれでは問題は解決しません。

もしかすると**子どもは疲れているのかもしれませんし、覚えるやり方が合わないのかもしれない**のです。

叱るときは、感情的にならずに、

「どうしてそういうことをするの？」

「なんでそう思うの？」

と理由を聞いてみましょう。その答えを聞いて、いっしょに問題を解決する方法を探していくといいと思います。

よく見ていないと褒められません

叱るのと同じように褒めるのもなかなか難しいものです。

むやみに褒めても、子どもの心には響かず、意欲を引き出すことはできません。「お母さん無理してる」「何かさせようとしている」と下心を見破られてしまうのがオチです。

褒めるときは具体性が重要です。

たとえばテストの点がよかった場合、「よくできたね」ではなく、「この問題、前はできなかったのに今度はできたね。すごいね」と具体的に褒めると、子どもは自尊心が満足させられて次のがんばりに結びつきます。

褒めるには子どもを日ごろからよく見ていることが必要です。

人と比べないと、子どものことがよく見えてきます

子育て中に、ほかの子と比べて落ち込んだり、焦ったりするお母さんは多いようです。私も一時期、優秀で何でもサササッとこなせるお子さんを見て羨ましかったことがあります。

しかし、人と比べることに意味がないことが次第にわかってきて、比べないように努めました。

まず**家の中で、きょうだい間で比べないこと**です。

「お兄ちゃんはできたのに」「弟のほうが優秀」と比べると子どもは辛い思いで子ども時代を過ごすことになり、きょうだいの関係がうまくいかなくなります。わが家は子どもが4人いて、長男と次男を比べ、次男と三男を比べ、また長女とだれかを比べとなると、複雑極まりなくて疲れるので比べること自体が不可能だったのは幸いでした。

人と比べる場合、わが子を世界中の子どもと比べるわけではありません。せいぜい、学校の1クラス35人ぐらいの中での位置を確かめているにすぎません。

35人どころか、お母さんが知っている数人と比べ「○○君は何点だったの」と聞いて一喜一憂していることもあります。実は狭い世界の中の出来事なのです。

人と比べるデメリットは、まず、親が自己嫌悪に陥ることです。心のどこかで比べても意味がないことがわかっているのについつい比べてしまう罪悪感があります。

お母さんは子どもを潰そうと思って言っているのではなく、「がんばれ」という励ましの気持ちと、「もっとがんばれるでしょう」という期待の気持ちが混ぜこぜになってしまっているのです。それがどうしたことか「○○君は何点?」という言い方になってしまうのでしょう。

このように言う側も、比べてしまって落ち込むのですから、言われた子どもはさらにたまらない気持ちになります。出てしまった結果は変えられないのに子どもは責められて、なおかつ否定されたら確実に意欲を失います。

ずっと比べられて育つと、人と比べる習慣が大人になっても続き、いつも人と比べて自分を考えるくせがついてしまい、自分を肯定できない人間になってしまいます。
つい人と比べてしまうのはよくある感情ですが、マイナス面のほうが多いのです。陥りがちなことだからこそ、親は自重して「比べることはしない」とかたく心に誓ってほしいと思います。

人と比べることを止めるといいことがあります。それはわが子の状態がよく見えるようになることです。

「算数のここが苦手なんだな」とか「意外に国語が得意なんだな」など、細かい部分まで見えてきます。すると「少し計算の練習時間を増やしてみよう」などと方針が立ちます。**ほかの子を基準にしていたときはまったく見えていなかったことが浮かび上がる**のです。

そうなったらしめたもの。ほかの子のことはどうでもよくなります。前のテストでできなかった計算問題が今度のテストではできるようになったなど、子どものプラス面が見えてきて、比べるべきなのはよその子の点数ではなく、わが子が前に取った点数だということに気がつきます。

小学校でいっしょのクラスの優秀な子も6年の間に違うクラスになったり、違う中学に行ったりして目の前からいなくなるもの。人生の短い時期にいっしょだった同級生と比べて、わが子に寂しい思いをさせたりする必要はありません。そんなことより、ずっとつきあうわが子の成績の推移を見ていたほうがいいのです。

家事は後回し

子どもが4人いると掃除、洗濯、食事づくりと毎日、大忙しでした。

洗濯機や食洗機は絶えず回っている状態。乾いた洗濯物はたたんで引き出しに入れる手間を省くため、タンスにそれぞれの名前を書いて少しずつ段差をつけて引き出しておき、物干しからたたみながら直接入れる工夫をしたりしましたが、なかなか追いつきませんでした。

あるとき「私は家事能力がないんだ」と落ち込んだことがありましたが、実家から両親が手助けに来てくれて子どもたちを見てくれているときは、猛スピードで家事を終えられるのです。それで、私は家事能力がないのではなく、ただ子どもがたくさんいて時間がないだけとわかって安心した思い出があります。

シンクに食器が残っていても、洗うのは子どもの用事がないときだけで、残りの洗い物はまた次の機会に……という状態。家事に関してはすべてこのような感じでした。

でも子どもたちが勉強しているときは必ずそばで見ていました。

そばにいて**鉛筆の動きを見ていると、その動き方で子どもが疲れているのでは、とか、苦手にしているのはどこかがわかります。**

家事をたいせつに考えているお母さんたちからは「あら？」と思われるかもしれませんが、これが、すべてにおいて家事より子どもを優先する、私のやり方でした。

ママ友は不要です

私は子どもを介しての親のつきあい、いわゆる余計な気づかいがいるママ友は不要だと思っています。

幼稚園のママ友関係に悩むお母さんの相談に乗ったことがありました。そこでは月ごとに持ち回りでメンバーの家でランチ会を開催しているそうで、家庭の事情でランチ会が開けなくなったその方は仲間はずれにされたというのです。お互いにプレゼントをすることも多く、珍しい食べ物を手に入れてボス的な存在の人に贈るために苦労しているとのこと。

なんとバカげているのだと思い、一刻も早くグループから離れるように忠告しました。

私ももちろん、友人知人、ママ友から助けていただき、今でもほんとうに感謝しています。しかし、このような社交界的なママ友関係は意味がなく精神的に疲れるので思い切って離れるのも1つの方法だと思います。

子どもの卒園、卒業と同時に解散する可能性が高く、うわべだけの社交界で気を使うぐらいなら、家で子どもとおやつを食べたり、プリントを見て丸つけをしていたほうがどんなに楽しいでしょうか。

私はいつでも子どもファースト。上の子たちが中学生になってお母さんたちとのランチ会があっても下の子が帰宅する時間には間に合うように中座していました。

灘校のお母さんたちから学んだこと

長男が灘中学に入学して、保護者の方たちとの交流が生まれました。時間を見てランチ会をするなどしていましたが、つかず離れず、群れずのとてもいい関係性で子どもたちが成人した今でもときどき会ってごはんを食べておしゃべりしています。

灘校のお母さんたちの共通点は、子どものことをよく見ているということです。

中学入学までは子どもにつき添って二人三脚で勉強をサポートした方が多かったよ

うですが、中学入学以降は、干渉せずある程度の距離をとって子どもを見守っていました。

しかし、ポイントは押さえていて、勉強面で不得意な分野があるとすぐに情報を集めて塾に行かせるなどのサポートはおこたりません。

あるとき、話したことのないお母さんから電話をいただき、ある科目の補強をするにはどうしたらいいか意見を求められたこともあります。「化学は○○塾の○○先生がいいらしいですよ」など私なりにお話しして情報交換をし、話が弾んだ思い出があります。

生活面でも同じで、あまり介入はしないものの、携帯電話の使用量が過剰になれば、携帯を禁止するなど毅然とした態度で子どもに接していました。

子どもに必要以上に干渉せず、しかし、決して目を離さない姿勢に多くのことを学ばせていただきました。

言い訳上手なお母さんの子どもはやはり言い訳上手

高校で教師をしていたとき、ある2人の女子生徒から、「英語が苦手なので勉強を見てほしい」と頼まれ、各々に宿題を出して提出させていたことがありました。

1人の生徒はきちんと宿題を提出しましたが、もう1人の生徒はなかなか宿題をやってこなくて、催促するとしぶしぶ出す感じ。理由を聞くと、「先生、それがすごく忙しくて」とか「体調がすぐれなくて」と言い訳をするのです。1か月もすると2人の力の差は歴然としてきました。

そこで、宿題を提出しない生徒のお母さんを呼んで理由を聞くことにしました。そこでびっくりしたのは、お母さんの最初のセリフが「先生、それがすごく忙しくて」とか「最近、体調がすぐれなくて」など生徒とそっくりだったことでした。

子どもは親の姿勢を見て育ちます。**学習態度やサボったときの言い訳のしかたまで親に似てしまいます。**自分が子どもを育てるにあたって、そのときのことが念頭にあったので、きちんとしなくてはいけないと思いました。また、子どもにかける言葉や言葉遣いも気をつけたいと思いました。

親が陥りやすい3つの思い込みとは

子どもたちの勉強を見る上で、お母さんたちが常識だと思い込んでいることにいくつか間違いがあると思っています。それは左記のようなことです。

①自立主義＝甘やかしてはいけないという思い込み

〝自立した大人にするのが子育ての目標〟とよく聞きますが、私は、世の中の風潮が〝自立〟にこだわりすぎているように思います。むしろ親がするべきことを面倒に思ってしたくないから〝自立〟という言葉に逃げているのではないかとさえ思います。

〝自立〟というと、みなさんは目の前のことに意識が集中しますから、オムツを早くはずして自分でトイレに行かせる、幼稚園の用意を自分でさせる、自力で宿題をさせるなど、親が少し手伝ったらもっと上手にできるのに、〝自立〟のために手を貸さない場合が多いものです。

〝自立〟は自分ですることですが、やり方やそれをする能力がなければできません。はじめから〝自立〟を求めるのではなく、はじめは親がやってあげて、やって見せる。やり方を見て覚えたら、子どもは自分でやります。それまで、**親が〝自立〟の名の下に手を貸さないのは間違っている**と思います。

②努力主義＝答えを見てはいけない

日本では努力することに意義があるとされているようです。

たとえば、算数の問題がわからないなら、長時間苦悩して解いてこそ、力が伸びるとされていますが、限られた時間の中で合格点を出さないといけない受験のために力をつけるには、**わからなかったら解答を見て解き方を理解して次に進むほうが合理的**だし、結局は実力がつきます。

九九もがんばって覚えてこそ勉強だと思われていますが、CDやDVDで聴覚、視覚両方使って覚えたほうがラクです。努力に重きを置かず、目標を達成することに力を入れたらいいと思います。

③放任主義＝子どもはのびのび育てないといけない

子どもには勉強よりも大事なものがあるとよく言われます。

たしかに勉強は人生で一番大事なことではありません。しかし、小学校に行ってもテストの点数が取れず、授業内容が理解できないでいたら、学校が楽しいと思えるでしょうか。

「勉強のやり方を自分で考えるのも勉強だから、放っておくのがいい」と私も批判されましたが、最初だけでも勉強のきっかけをつくることの何が悪いのか私には理解できません。放任主義は放棄主義と同じ意味ではないかと思うぐらいです。

あるとき、小学6年生で分数の足し算がわからないという女の子に出会いました。

1／2＋1／4という基礎的な計算のやり方がわからないというのです。5年生で習う項目がわからないままに放っておいたのでしょう。いよいよ中学校に進学する時期になっているのに、小学校の範囲でわからないところがあるとなると中学で苦労するのは明らかです。

よく、「うちは放任主義だ」とか「本人が自覚したら勉強も率先してやるようになるだろうからその時期を待つ」と言う方がいますが、現実問題として**分数の足し算がわからないままに学校生活を送るのは本人にとっては辛い**ばかりです。

やはり、授業中先生の言うことが理解できてテストでまずまずの点数を取って次の段階に進むことができてこそ、毎日の学校生活を楽しめるのです。わからない項目をそのままにして進級していくのは、本人のせいではなく親の責任です。

基本的な学習内容の習得ができていないのに、放任主義とか本人の自覚を待つと言うのは親が逃げているだけ。責任を放棄していると言わざるをえないと思います。

私のスタンスは〝0か100か〟

子どもを育てていると、いろいろな場面で判断に迷うことがあります。

4人もいると悩むことは4倍でした。

そこで**私は、判断の基準を〝0か100か〟にしていました。**グレーゾーンなしに白か黒か、〝するか、しないか〟をはっきり決めるのです。

たとえば、わが家では子どもが小さい時期はテレビを見ず、ゲームもしないことにしていました。「子どもがかわいそう。少しは見てもいいのでは」と言われましたが、その〝少し〟とはどういう量なのか判断するほうが難しいと思いました。

たとえば、「1日1番組なら見ていい」「好きな番組を決めてそれだけ見る」方法もありますが、好きな番組をどう決めるのかで迷います。

「今日は雨が降っていて外に出られないからテレビを見せようか」などとなると、では、寒い日はどうなのかと判断が難しく、結局、なしくずし的に毎日ずっと見ることになってしまいます。

「ゲームは1日1時間」と決めても、ついつい1時間が1時間半、2時間となりますし、「もう時間よ」とゲーム機を回収するなど管理する労力もたいへんです。

見ない、しないと決めたほうが明確でストレスがありません。

仕事をする？　しない？

私は大学を卒業してから２年間高校で英語教師を務めました。将来は留学したいという希望もあり、結婚してしばらくは、また英語を勉強したいとも思っていました。しかし、次々に子どもが生まれ、それどころではなくなりました。そこで、０か１００か方式で私は育児に専念しようと思ったのです。

子どもの手が少し離れたころに、高校の非常勤講師の話があり心が動きましたが、ここでも〝０か１００かで決める〟というスタンスを通しました。非常勤講師になったら主婦とは別の世界が広がると思いましたが、どっちつかずになってしまう可能性があると思ったのです。

あくまでも個人の考えですが、**２つの道を選び、２つをうまくやるのは難しく、両方とも中途半端になると思った**のです。

よく、「佐藤さんは専業主婦だったから、これまでお子さんの世話ができたのですね」と言われます。たしかに仕事をしていない分、時間のゆとりはあったと思いますが（でも実際は4人いたのでこの26年間、自分の時間はほとんど持てませんでした）、専業主婦でも子どもをよく見ていない人はいますし、仕事を持っていても子どものサポートをしている方は大勢いらっしゃいます。

専業主婦は時間的な余裕があるかもしれませんが、仕事を持っていれば得られる収入や社会的な地位がありません。どちらがいいという問題ではないと思います。

ここ数年、私は講演会に招かれてお話をする機会が増えましたが、あるとき、私が仕事へ出かける日に娘が熱を出しました。

そのとき、いつもはまず子どもの体調を心配してきたのに、真っ先に思い浮かんだのは「なんで、こんな日に熱を出すの？」でした。口にはしませんでしたが、「ああ、仕事を持っているお母さんたちはいつもこんな思いで仕事を続けてきたんだなあ」と頭の下がる思いでした。

生きる道は人それぞれです。

他人の芝生を青いと羨むよりも、自分の置かれた環境で全力を尽くすことが大事ではないかと思います。

「さっさとやりなさい」「ちゃんとやりなさい」では子どもに伝わりません

お母さんの口ぐせ、それは、

「さっさとやりなさい」

「早くやりなさい」

「ちゃんとやりなさい」

「もっとやりなさい」

ではないでしょうか。

お気持ちは充分わかりますが、これらにはまったく効果がありません。

なぜなら、これらの言葉には具体性がないからです。

何を、いつ、どのようにするかがわからないので、子どもは真意をつかめず、やりようがありません。お母さんから言われて不愉快な思いをしているだけなのです。

何をいつどのようにするかを明確にして、子どもがやりやすいようにしくみをつくってはじめて言葉が効力を発揮します。

これらの言葉をお母さんが言い、子どもがとまどって何もできない結果、お母さんは、

「どうしてやらないの」

と怒ってしまいます。怒りはそのうち収まりますが、ここで問題なのは、子どもがすべきことをしていないという事実が残ったまま放置されていることです。

これらは、お母さんがこれから先の具体的なビジョンを持っていない自己満足の言葉なのです。このような言葉では何も解決できません。

子どもに話しかけるときには感情や気分でものを言わず、頭の中に具体的な計画を持って子どもに指示してください。

夫にお願いしたい、禁句は「忙しい」と「疲れている」

わが家では勉強に関するすべては母である私が取り仕切っていて、父親である夫は口を出しませんでした。4人の学校の成績表や、塾や模試の点数も夫は一切見ていません。

受験する子どもがいると、夫は間際になって私のところにそっと寄ってきて、

「ママ、今年は受かりそう？」

と小さな声で聞くだけです。

私が、

「大丈夫、大丈夫」

と答えると、ほっとしたような表情になるというのが受験がある年の恒例行事でした。

家庭によっては、父も受験にかかわって勉強を見たり、アドバイスをしたりするこ

ともあるようですが、中途半端にかかわると、「自分の受験のときはこうだった」とか「上の子よりも模試の点数が悪いが大丈夫か」など無用の心配をして現場を混乱させると聞いたことがあります。

もしお母さんがお仕事をしているなどで、両親で分担する場合は、この週は母、次の週は父などとシフトを組んで交代するといいかもしれません。

わが家では夫は受験には口出ししませんでしたが、受験期ではないほかの子たちを遊ばせてくれました。また、朝、娘を駅まで送っていくために、たとえば東京に出張していても宿泊せずに日帰りしてもらったことがあります。私が受験のすべてを担当し、父親がサポートするという体制でした。

父親であるご主人にお願いすることがあるならば、**「忙しい」と「疲れている」は言わないでほしい**ということです。お母さんが専業主婦の場合、社会で働いているご主人は、奥さんは家にいて時間が余っていると思っているかもしれませんが、家事や子育てはたいへんな仕事です。

「いつも家にいるからラクでしょう」

と言われれば、

「あなただって会社でちゃんと仕事してるの？」

と売り言葉に買い言葉になりかねません。

それぞれに仕事を一生懸命やって尊重し合い、塾の送迎や家事の手伝いなどを頼まれたら、「忙しい」「疲れている」と言わずに時間を融通してサポートできたらいいと思います。

これは母も同様です。「忙しい」「疲れている」をお互いの禁句にすること。それさえできれば、うまくいくと思います。

第4章

子どもの能力を
引き出す
3歳までの育て方

絵本は1万冊読み聞かせ。「もう1回読んで」という本は特にたいせつ

私はそれぞれの子どもたちに3歳までに1万冊の絵本を読み聞かせました。

なぜ1万冊かというと、1万という数字には意味があり、どの分野でもコツコツと積み上げた経験が1万回に達すると、飛躍的に成長し、成果が花開くと言われていると聞いたからです。

そこで、名作と言われている推薦図書のリストどおりに書店にまとめて注文して送ってもらったり、図書館で限度いっぱいまで借りたりしてせっせと読み聞かせをしました。

推薦図書のリストに従ったので、昔話から冒険もの、ファンタジー、車や食べ物などの生活系の本、科学の本などいろいろな分野の本を読むことができました。

女の子だからお姫さまの本が中心、男の子だから車の本というように、ジャンルを

決めずに読めたことはよかったと思います。それに加えて図書館では子どもに好きな本を選ばせたので、あらゆる本に触れることができました。その中で、それぞれに好きな本の種類が違うことがわかり、それも興味深かったです。

1万冊の読み聞かせというと「すごい」「私にはとてもできない」と言う方が多いのですが、**絵本は薄いものが多いので1日に10冊はすぐに読めます**し、1万冊はのべの数で、1冊の本を3回読んだら3冊と数えるのでそう大それた数字ではありません。私は1回読むたびに「正」の字を書いてカウントしていきました。

絵本の読み聞かせは言葉の感性を育てる効果がありますが、今振り返ると子どもと同時に母である私が癒されていた感があります。

印象的な本に『めっきらもっきら どおんどん』（長谷川摂子・作／ふりやなな・画／福音館書店）があります。男の子が木の根元の穴に吸い込まれると3人の妖怪がいて、遊ぶ話です。妖怪が出てくるところは子どもたちもドキドキして、怖がったり楽しんだりしていました。子どもたちに読み聞かせていたころから20年以上たちますが、今でもこの絵本の「めっきらもっきら どおんどん」というフレーズを私自身が思い出して懐かしく感じることがあります。

戦時中、空襲があって外に出ないように餓死させられた上野動物園のぞうのことを書いた『かわいそうなぞう』（土家由岐雄・作／武部本一郎・画／金の星社）を読んだときは、子ども以上に私が泣いてしまいました。

お母さんが泣いている姿を見て、子どもたちはびっくりしていましたが、わからないながらにもこの本に込められた戦争の酷《むご》さを感じたのではないかと思います。今はCDやDVDでも名作絵本に触れる機会はありますが、母の声で読む絵本は子どもの心を豊かにします。

国語の読解に役立つなど勉強のためというよりも、心を豊かにして考えを深める意味で読書はたいせつで、その最初のきっかけが母の読み聞かせであることは間違いありません。

特に「もう1回読んで」と子どもが言う本は、その子の心を育てる何かが含まれた大事な本です。

大人は繰り返し読むのが少し退屈で面倒と思うこともあるかもしれませんが、お母さんの声で何回も読んでもらいたい本は、心の栄養になって子どもを成長させる本です。ぜひ、何度でも読んであげてくださいね。

絵本の選び方。絵本に落書きしても叱らない

絵本をたくさん読むことに決めたものの、最初は書店に行ってもどの本がいいのかわかりませんでした。そこで、くもんの推薦図書を中心に買ったのですが、そのうちに推薦図書にあった絵本と同じ作家の作品を選んだり、シリーズものの絵本をそろえたりして選ぶ力ができてきました。

わが家では絵本専用の本棚をつくっていました。**子どもの手が届くように低い棚を2段にして並べました。**

よく子どもは絵本に落書きをして叱られることが多いのですが、わが家では落書きOKにしていました。子どもは落書きしたくなるものだと思っていたからです。しかし、本をたいせつに思っていたのか、ほとんど落書きはしませんでした。

図書館から借りている本はゼッタイに落書きしてはいけないので、本棚の1つのコーナーに色テープを貼って区別して、「ここの本棚の絵本はたいせつに使ってね」と言っていました。

どの本が図書館の本なのか、子どもにはわかりません。**図書館の本を置く場所に色テープを貼る**ことでわかりやすくして叱る回数を減らしました。母のストレスも減らす工夫です。

『ハリー・ポッター』を毎日1冊読破

私は小さいころから本を読むのが大好きで、子どもたちにも本好きになってほしいと願っていますが、実は今のところ、わが家の子どもたちはそう読書に関心はないようです。

最近の子どもたちは、DVDやCD、ネット配信の動画など多種多様なメディアで情報を素早く得ることができるので、私の子ども時代のように本が主な情報源ということがないのが理由と思います。そういう時代なのでそれはそれでいいと思いますが、今後はなるべく本を読んでほしいと願っています。

次男は、小学2年生のとき、『ハリー・ポッター』シリーズにはまりました。次の巻が出るのを待って読み、よほど好きだったのでしょう、1日に1冊毎日読み通していました。

三男は『西遊記』にはまり、やさしい絵本からジュニア版へ、最終的には大人用の訳本を小学3年生で読んでいました。

夢中になって読んでいる姿はほほえましくて、1冊の本に夢中になれることを羨ましいと思ったものです。

童謡も生声で1万回。精選された美しい日本語に触れました

就学前のお子さんのいる若いお父さんから、「佐藤さん、どんなことをしたら子どもが伸びるでしょう」と聞かれました。本を読み聞かせることのほか、お子さんに童

謡を聞かせることをおすすめしました。

私は本の読み聞かせと同じように日本の童謡を1人につき1万回歌って聞かせました。

「どんぐりころころ」「ふるさと」「汽車ポッポ」などに代表される日本の童謡は選び抜かれたきれいな日本語の宝庫です。美しい日本語を聞けば、子どもの情感が育つと思います。

かつてはだれもが歌い、音楽の教科書にもたくさん掲載されていた童謡なのに、最近では触れる機会が少なくなっています。寂しいことだと思い、この文化を次の世代にも継承したいと思ったのも動機です。

これも3歳までに1万回歌うことにしました。1日10回歌う計算になります。

利用したのは『童謡カード』（くもん出版）です。CDがついているので車で出かけるときはCDをかけましたが、家にいるときは私が歌詞カードを見ながら歌います。**リビングで子どもたちが遊んでいるときなど、家事をしながら歌っていました。**家でもCDを流す方法はありますが、それではBGMになってしまい、子どもたちの耳には入っていかないと思って、生の声で歌うことにこだわりました。

日本の童謡は有名な歌手の方々もＣＤを出していらっしゃいますが、上手すぎて歌詞が伝わらないこともあります。

私が伝えたかったのは歌詞です。下手でもいいので親が生の声で歌うといいと思います。

歌いながら、「母もこうして歌ってくれていたなあ」と懐かしく思ったりして私自身も癒されました。

夫も協力して歌ってくれました。多忙な夫はどうしても子どもと遊ぶ時間が少なくなりがちでした。外ではキャッチボールなどで遊べても、家の中では遊び方に困ることもあるようで、そんなとき、絵本や童謡というツールがあると子どもと接しやすかったようです。

夫は「ふるさと」を「うさぎ追いし」と歌いながら、「これは、うさぎがおいしいんじゃないんだよ」と極めてありがちな古典的ジョークを毎回言いながら歌っていました。

子どもたちは両親が童謡を1万回歌ったことを覚えているのか、どう思っているのか、はたして美しい言葉はどう響いて効果があったのか、検証することはできませんが、もしかしていつか、何かのときに「ふるさと」を聞いて、「ああ、パパがありがちな冗談を言いながら歌ってくれたなあ」と懐かしんでくれるかもしれないと思っています。

よその子に言えない言葉は、わが子にも言わない

私が特に子どもたちの幼児期に気をつけたのは、「ぶうぶだよ〜」などというわゆる幼児語で話しかけるのではなく、「車が来たよ」と主語＋述語の文章にして言うことでした。

文字もそうですが**言葉は文化の基本なので、正しさにこだわりました。**

少し大きくなったら、何かを頼んだりするときに「なぜ」を交えて伝えることにしていました。いっしょに生活している家族は言葉にしなくても伝わる部分があるので

つい省略しがちです。

「あ〜、タオル取ってきて〜」と子どもに頼む場合、お母さんは状況がわかっていますが、子どもにはわかりません。「今、お母さん、ハンバーグこねていて手が離せないから、タオルを取ってきてもらえる?」と、なぜなのか理由を説明する言葉を入れると、子どもにも状況が理解できるので、取ってきてもらえます。

伝えるときに理由を説明するようにしていると、子どもからのメッセージも理解しやすくなります。ときに子どもは「勉強いやだ〜」とか「食べたくない〜」とダダをこね感情を爆発させることがありますが、日ごろから親子間で、「なぜ」を入れて説明する習慣があると、

「今日、なんか疲れているから勉強したくないんだ」

とか、

「友だちの家でクッキーをご馳走になったからおなかいっぱい」

などと気持ちを説明でき、

「だったら、今日はごはんの後では、プリント1枚だけにしようか」

「だったら、ごはんは少な目によそうことにしようね」

などと問題が解決します。

ついつい、「ダメ！」「何やってるの！」と親は感情的な言葉を子どもにかけがちですが、私は親子という関係に甘えすぎてはいけないと自重していました。

私が子どもにかける言葉の基準は、「よそのうちのお子さんに言えない言葉は、わが子にも言わない」というものでした。もちろん、たまにヒートアップしたこともありますが、「親しき仲にも礼儀あり」は親子間でも大事です。

また、子どもは小さいとき、親から感情的な言葉をかけられて内心、理不尽だと思っていても、自分自身の語彙《ごい》が少なく表現法が乏しいので言い返すことができません。でも、次第に成長して中学生ごろになると親に対抗できるので、親からかけられたのと同じような言葉で感情的に言い返すことができるようになります。

それは長い間に蓄積した不満が爆発しただけであって、それを反抗期と呼ぶのはかわいそうだと思っています。

「反抗期で困っている」とよく親が言うことについて、テレビ出演したときに私が、

「反抗しないように育てればいい」と言ったら反論の嵐でした。**反抗期は成長の証とか、反抗期があるからこそ親子はおもしろいなどというのは違う**ような気がします。子どもを1人の人として敬愛する気持ちがあれば反抗期も平穏に過ごせると信じています。

おけいごとは増やしすぎない

わが家では4人とも1歳からくもんをして、3歳からバイオリンを習い、4歳からスイミングに通うのが定番でした。

学習系と運動系、音楽系をそれぞれ1つずつ（長女だけこれにピアノが加わっていました）でバランスがよく、くもんは主に在宅でして、バイオリンは月3回だったのでおけいごとのために外出するのは週に1～2日でちょうどいい間隔だったと思います。

最近、おけいごとに時間をかける家が多く、4つ～5つ、場合によると毎日おけいこごとがあるお子さんがいるとのことです。

種類も多様化していて、今後は小学校でプログラミングの授業が行われることを踏まえて、子どものためのプログラミング教室に行っている子もいるそうです。小さいうちから今のＩＴ技術に精通したとしても、その子が大人になるころにはもっと技術が発達してしまっているわけです。今後大きく変化するものに、小学校の大事な時期に長い時間を使うのはもったいないと思います。

依然として英語教室もさかんですが、英会話は大人になっても身につけることはできますし、大学受験は会話より文法解釈が大事です。小さいころに簡単な会話や単語を覚えてもあまり意味がないと私は思っています。

何も用事がない日が大事。遊びに夢中になるのも成長の糧

幼稚園児なら、幼稚園から帰ってきて、寝るまでは何も用事がなく、のんびりできる日がすごくたいせつです。幼稚園に行く前の子なら、何もおけいこごとの予定がな

く、お母さんと買い物に行ったり、遊んだりして、夜はごはんを食べてお風呂に入り、絵本を読んでもらってコトンと寝るだけの日が週に2~3日は必要かと思います。

学習系と運動系、芸術系を各1つずつ、場合によってはスイミングは夏休みの短期教室だけ行くなどして、子どもをあまり疲労させないようにしましょう。

何をするかではなく、何をしないかを考えて、しなくてはいけないものだけを選ぶことが大事だと思います。

また、普通の遊びもこの時期は成長のために大事です。

夢中になって遊んだ記憶は心の栄養になります。

わが家の子どもたちが幼稚園時代、「どろだんご」が流行《はや》りました。土をおだんごに丸めて、砂をつけたりしてきれいな球体にするのですが、幼稚園の先生がつくり方のプリントをつくってくださったりしてかなり盛り上がりました。夢中でどろだんごをつくるなど、遊びに熱中したのもいい思い出で、子どもたちの成長の糧《かて》になったと思っています。

第5章

子どもが「勉強って楽しい!」と思う学習習慣のつけ方

学習習慣をつけるにも旬があります

勉強は何歳になってもできますが、身につけるのは小さいときのほうが早くラクにできます。

それを知ったのは私自身が小学4年生のころです。

新聞に、72歳の女性が夜間中学校に通って文字を習っているという記事が掲載されていました。その方は家庭の事情で学校に通うことができなかったのですが、ご自身の子どもが独立して時間ができてはじめて、自分の名前を書きたいと夜間中学に通うことにしたそうです。

その女性が「あ」という字を覚えるのに何か月もかかったと書いてあるので、私はびっくりしました。小学生の私にとってひらがなを書くのはそう難しくないので、大人ならもっと簡単に書けるようになると思っていたのです。

基本的なことは**小さいときには苦労もなく身につきますが、大人になるとものすご**

い苦労をするもののだとそのときに理解しました。頭が柔らかいうちのほうが覚えやすいということです。

ひらがなや計算の基礎的な学習内容はなるべく早い時期に習得したほうがいいし、習得しやすい……それは自分が子どもを持ったときの考え方の基盤になりました。

勉強の〝はじめの一歩〟は遊び感覚で。場所をつくることも大事

わが家の子どもたちは、冗談半分に「僕たちはハッと気がついたら鉛筆を持っていた」と言います。机の前で字を書くことがあたりまえの生活にするには、何事も早い時期からスタートするほうが親も子もラクです。

わが家では4人とも公文式で勉強を始めました。

最初に長男が1歳のとき、当時運営されていた「リトルスクール」に入会（現在は、0・1・2歳向けに「Baby Kumon」があります）。

これは1歳の長男と0歳の次男の育児で疲れ切っていた私の息抜きが目的でしたが、なかなかに楽しく、その延長で長男は5歳から「公文式教室」に入り、あとの3人も次々に入会しました。

くもんでは最初、鉛筆を持って紙にぐるぐると自由に円を書いたり、星印や丸印など同じ印を線で結んだりして、鉛筆と紙に慣れていきます。段階を踏むので少しずつ書くことに親しんでいけます。

教材は市販のドリルでも、お母さんが手づくりしたプリントでもいいので書かせてみてください。

鉛筆は軟らかい6Bを使うと疲れません。

場所をつくってあげることも大事です。

わが家では長男と次男が6歳と5歳のときに学習机を買いました。当時3歳の三男も「僕もほしい」と言ったのですが、学習机は三男には大きすぎて椅子から転げ落ちてしまいそうで危なかったので、代わりに幼児用の机と椅子のセットを買ってあげたら喜んで、紙にぐるぐる書きをしていました。

毎日何時からと決めない

学習習慣をつけるには早いほうがいいと前述しましたが、実は簡単なことではありません。

お母さんたちは食事をつくり、掃除洗濯をし、子どもをお風呂に入れ、1日中家事に忙殺されています。仕事をしているお母さんもいます。

そこに、紙と鉛筆という異質なものを持ち込み、机の前で書くことを見守るのですから、物理的にも精神的にもすぐにできるものではないのです。

ましてや私は4人の子どもがいて、たとえば長男が6歳のときには、5歳、3歳の弟と0歳の妹がいるのですから、長男に学習習慣をつけるのはなみたいていのことではありませんでした。

私が心がけていたのは、

①遊びに集中しているときは中断させない。

②毎日何時からと決めない。
③朝に1日のノルマを決めない。
④休んでもいい。できるときにする。
でした。

①遊びに熱中している時間は子どもにとってかけがえがなく二度とない黄金の時間なので邪魔すると、勉強は遊びを中断するいやなものという印象がついて、勉強が嫌いになります。

②毎日決まった時間にはできません。子どもの体調や気分も違いますし、天候も違います。晴れた日に外遊びしたいのに勉強するのはもったいないことです。

③朝、「今日はプリントを3枚やってね」と言うと子どもは1日中、そのことが頭の中にあり、プレッシャーになってしまって楽しくありません。

一番いいのは、幼稚園から帰ってきておやつを食べてひと休みしている時間帯、または幼稚園に行く前などで「今はエネルギーいっぱいだな」と思える時間帯です。わ

が家では朝はしませんでしたが、することがなくて元気なころ合いを見計らって、

「ちょっとやってみる？」

という感じで声をかけます。

時間は1日10分程度で。

決めた枚数が終わったら勉強タイムは終了！　好きなことをさせましょう。3枚終わったのに「あと2枚ね」と延長するのは子どもの意欲を削《そ》ぎ、親への信頼感を揺らがせます。

④子ども（または母）が疲れていてヘトヘトという日はお休みにしてください。

講演会に来てくださった方から、「親の体調が悪いときはどうしたらいいですか」と質問されたので、「すぐに寝てください！」と即答しました。

私には病気のときもフラフラと立ち上がって子どもの勉強を見ているというイメージがあるようですが、実はアバウトな性格。1日中子どもに勉強をさせているという印象もあるようですが、実際問題として小さな子が1日中勉強を続けられるわけがありません。

決められた時間だけ勉強して、あとは遊び、睡眠もたっぷり取って、メリハリをつけましょう。

学習習慣がつくにはだいたい半年以上かかると思って、焦らずやってみてください。

多忙なら土日や夏休みを利用する

平日に学習する時間がない場合は、まとまったお休みを利用するのもいいでしょう。

わが家は４人子どもがいて、食事をさせてお風呂に入れて寝かすだけで精一杯で、なかなか毎日プリントをすることができない時期が長かった記憶があります。

バイオリンの練習をするとくもんができない、くもんをしたらバイオリンができないと、どっちつかずの時期もありました。

そんなときは、幼稚園や小学校が休みの土日や夏休み、冬休みなど長いお休みを利用して集中的に勉強していました。

無理しないで焦らず、やれるときにするのが秘訣《ひけつ》です。

テレビがないから学習習慣がつきました

わが家のテレビは夏暑く冬寒い、２階の和室の隅に置かれています。子どもたちは基本的にテレビを見る習慣がなく、中高生になってからどうしても見たい番組だけ２階に行って見るようにしていました。

家事育児で忙しい中で、１日10分の学習時間を確保するのは容易なことではありませんでしたが、なんとかうまく組み込めたのは、テレビがなかったからだと思います。

テレビ番組またはＤＶＤを見ると際限なく時間が奪われてしまいます。

テレビに時間を支配されなかったおかげで、わが家では10分間のプリントをする時間が生まれました。

学習習慣は焦らず気長に

私は子どもが小さいときから、きっちり時間を決めて勉強をさせていたように思われるのですが、実は子育てで精一杯。ほかのお母さんが「10時から15分間プリントをする」などスケジュールを組んで実行しているのを知って、「なんてダメな親なんだろう」と落ち込み、自分を責めていた時期があります。

でも、あるときから「やってたらそのうちできるようになるだろう」と、よく言えば悟りの境地、悪く言えば居直ることができるようになりました。

きっかけになったのが長男のトイレトレーニングです。オムツがはずれ自分でトイレに行けるようになるのは普通2歳半ぐらいで、早い子は1歳半ぐらいからと言われています。しかし、子育てで忙しい私はなかなかトイレトレーニングの時間が取れず、長男は3歳になってもオムツをしたままでした。ママ友が1歳でオムツを取ったと聞いたり、雑誌などで「オムツをはずすのは母のつとめ」と書いてあるのを読んで多少落ち込んでいて、実家の母からも「幼稚園に行ってもオムツをしていたらどうするの」とせかされましたが、「なんとかなるでしょ」と言いつつも少し焦っていました。

が、忘れもしないある夏の日。朝から気温がぐんぐん上がり汗だくになっていた長男が、一言「暑い〜。オムツいやだ〜!!」と叫ぶやいなや自分からオムツを脱ぎ捨てたのです。すると1歳半の次男もそれを見て「僕も〜」と言ってオムツを脱ぎ捨てました。パンツをはいて一瞬で2人のトイレトレーニングが終了。その日以来一度もおねしょをすることもなく完璧にオムツがはずれました。焦ってお尻をたたかなくてよかったと思いました。

私のずぼら流のやり方が偶然いい結果になったのですが、この経験から**時期がきたら子どもは自然に成長し、できなかったこともできるようになる**ことがわかりました。文字を覚えたり、計算ができるようになったりするのもこれと似ているところがあります。

勉強面では、ある程度お母さんが覚えさせる工夫をする必要がありますが、やるべきことをしながらも焦らないことです。結果はすぐには出ません。

「やっていたらそのうちできる」「そのうち覚えるでしょう」ぐらいの鷹揚な気持ちで子どもを見守りましょう。

幼児期から始めて最終的に小学3年生までに、机に向かう習慣ができることを目安にしてください。

色をつけたりシールを貼って勉強タイムを楽しく

勉強には楽しくする工夫が必要です。

勉強を遊びの延長線上にあるものとして捉えましょう。

子どもは、しなくてはいけないノルマと思うといやがりますが、ゲームだと思えば楽しんで取り組みます。

たとえば、私は子どもが小さいころ、計算プリントをそのまま渡すのではなく、**上部に、マーカーで水色や黄色、ピンクのラインを引いてカラフルなプリントにカスタマイズ**していました。

「足し算プリントをしなさい」

ではなく、

「今日はピンクをしようね」

と声をかけると、ぱっと見て何をすればいいのか明快で、きれいなので子どもも親も楽しめました。ちょっとラインを引くだけで気分が上がるのですから、色の効果は絶大です。

カラーで区別したり気分転換したりする方法は、大学受験でも効果があります。問題集をするときにノートの色を替えるだけで、意欲がわきます。ちょっとしたことで勉強の能率を一気に上げることができる例です。

小さいときはシールを貼ることもありました。花のシールを貼って、

「今日はお花のついたのをしようね」

と声をかけると、子どもは喜びます。

クレヨンやマーカーを使うと気分転換できます

計算プリントは同じような計算の繰り返しです。繰り返すことで習熟できるのですが、気分が乗らずにいやがることもありました。

ある日、

「もう、やりたくな～い」

と子どもに言われたので、

「じゃあ、マーカーで書いてみて」

と言うと、太いマーカーで計算プリントをすることが珍しかったのか、喜んでやっていました。

「明日はクレヨンでやってみて」

と言うと大喜びです。

色鉛筆、マーカー、プラスチック色鉛筆「クーピーペンシル」（サクラクレパス）

などでもＯＫ！

もちろん、テストのときは鉛筆で書かないといけませんが、練習問題では楽しく計算ができるようになることを優先させます。

黒の鉛筆で書かないといけないという思い込みをはずして、計算ができるようになるという目的を第一に考えましょう。

上の子が勉強するときに、下の子が邪魔をする問題

きょうだいがいる場合、上の子だけが勉強をしていると下の子が邪魔して困るご家庭が多いようです。

講演会で質問を受けつけると、かなりの頻度でこのことについて質問をするお母さんがいるので、みなさん困っているテーマなのだと思います。

勉強は、「せーの」できょうだい全員で同時に始めましょう。

小さい子は小さい子なりのお絵かきやパズルでもかまいませんので、何かさせてく

ださい。

当然、小さい子は先に済んでしまい、上のお子さんがまだ終わっていない状態になると思いますが、自分がそれまでしているので勉強のたいせつさを、実感として理解すると思います。すると上のきょうだいの邪魔をしてはいけないなと思うはずです。

「片づけなさい」と10回言うなら100円ショップへ1回行く

「片づけなさい」という言葉も同じです。まだ小さい子どもには、「何を」「どう」片づけていいのかわからず、「片づけなさい」という声が次第にBGMのように聞こえ、「ああ、お母さんがまた何か言ってる」としか受け止められず、片づかないという状態はそのままです。

「片づけなさい」と言うなら、形にして示しましょう。

100円ショップに行って、プラスチックケースを教科の数だけ買いましょう。

「こくご」「さんすう」「りか」とケースに書いて机の前に並べて、

「こくごのものはぜんぶここへ入れてね」

と言えば、わかりやすくて簡単で、親も子もストレスなく整理整頓できます。

言葉で人を動かそうとするのではなく、具体的な物や方法を示して指示しましょう。

この場合も、親の「片づけなさい」という言葉がどのように受け止められているのかを、子どもの立場になって考える想像力が必要です。

「8割すらすら、2割考える」教材が力を伸ばす

「うちの子は勉強タイムになっても教材を出して始めるまでが長いのですが、性格的なものでしょうか」

という質問を受けました。

それは、そういう性格というわけではなく、たぶん、**教材の難易度と本人の実力が合っていないから、つまり、その子の力以上に難しいものをやらされている**からだと思います。

子どもの力に合っている教材とは、「**8割はすらすら解けるけれど、あとの2割は難しい**」と感じる問題のことです。とかく親は、「2割すらすらとできて8割難しい」と感じる問題をやらせたがります。

8割解けるなら、あとの2割を見直せばいいので時間がかかりません。

1枚に10問あるプリントを2枚した場合、実力に比べて難しかったら8割＝16問をやり直さなくてはいけなくて、時間もかかり、ストレスになり、親子ともどもいやになってしまいますが、実力に合っている問題なら、4問やり直せばいいので簡単です。

勉強が軌道にのるまで手伝って

また、お子さんが教材を机の上に出すのが遅いと感じるなら、お母さんがノートと下敷き、ペンケースを出してあげるといいでしょう。

こう言うとまた、「なんでも人に頼る人間になる」と批判する人が出てきそうですが、ここでは勉強をすみやかに終わらせるのが目的ですから、子どもができなかったらお母さんがどんどん手伝えばいいと思います。

10分ぐらい勉強のスタートだけそばで見てあげて、やり始めたら「じゃ、続きは自分でやってね」でもいいでしょう。勉強もさせたい、精神力も鍛えたいと思うのは欲張りです。「何でも1人でできる子どもに育てる主義」に縛られないほうがラクです。

どちらにしても子どもは大きくなります。いろいろなこともいずれできるようになりますから、はじめはお母さんがそばで見てあげてください。

第6章

小学校低学年までに、ひらがな、1けたの足し算、九九を鉄板に

読み・書き・計算は大学受験まで通じる基礎の基礎

読み・書き・計算を学ぶことは、とても大事です。

特に、「ひらがな」「1けたの足し算」「九九」は大学受験まで続く勉強の基礎の基礎です（この本を読んでくださった方は、ほかのことは忘れてもいいので佐藤が「ひらがな・1けたの足し算・九九が大事」と言ったことだけ覚えていてくださると嬉しいです）。

- 「ひらがな」はもちろん日本語の基礎なので大事ですが、それだけでなく字をきちんと書くことで〝物事をきちんとやり遂げる〟ことを学びます。
- 「1けたの足し算」は引き算、文章題の基礎になります。
- 「九九」は割り算、分数、比例の基盤です。

逆に言えばこの3つができていれば、小学校低学年までの勉強は終わったようなもの。

工夫して楽しみながら、しかし、しっかり身につけさせることは親の責任だと思ってお子さんといっしょに勉強してください。

大事なのは、**プリントで勉強するなら1枚1枚、ていねいにすること**です。

いくら大量にこなしても、雑に書き飛ばしたものならそのプリントはゴミと同じ。ていねいに書いていったときのみ学力として身につきます。

また、現行の教育カリキュラムでは、ひらがなも1けたの足し算も小学校1年生で教えることになっています。

学齢に達したばかりの児童は、ただでさえ慣れない環境に入り緊張している中で、大事な勉強をします。ゆとり教育時代と比べて最近は学ぶ量が増えていて、子どもの負担が増えています。

入学前に教えると間違って覚えてしまうのでよくないなどと言う人がいますが、入学してゼロから学ぶよりも、子どもができるのなら、読んだり書いたりを教えてもまったく問題なく、むしろ早く教えたほうが覚えやすいと思っています。

ひらがなを読む・書く

「あいうえお表」を貼ってもひらがなは覚えられません

わが家の次男は早いうちにひらがなを21個も覚えたので私は「この子は天才かも！」と思いましたが、22番目を覚えるのにそれから1年もかかっていました。なぜか「し」「い」など覚えやすいとされるひらがなが残っていたのは今でも不思議です。

長女は書くことが好きで、ひたすらドリルの文字をなぞり書きしていました。「あ」や「ね」などの難しい文字も書けるのですが、読めないので心配でした。でも、書けるなら読めるだろうと思っていたら、あるとき、すんなり読めるようになりました。

このように、文字の習得のプロセスは子どもによって違うので焦ってはいけません。小さい子の目には、文字は直線や曲線が組み合わさったぐちゃぐちゃした物体としてしか映らず、この物体に音や意味があるということがわかりません。

親が何度も「これが『く』よ」と教えても、「く」というものはこの世に存在しないのでイメージがつかめないのです。壁に「あいうえお表」を貼ってもなかなか覚えないのはこのためです。「く」といっしょに「くま」の絵がついた「あいうえお表」や、絵とひらがなが裏表になった積み木もありますが、例が1つだけでは「くま」と「く」を結びつけることは子どもにとって至難の業です。

私は**「く」がつくものがたくさん書かれたカード（くもん製）を子どもに見せました。**

「く」なら「くつ」「くるま」「くち」「くま」などのカードがあり、絵が添えられています。それらを声に出して何回も見せているうちに、子どもの頭の中で、それまでぐちゃぐちゃした記号のように見えていた物体が「くつ」「くるま」……に共通する「く」という文字として認識されます。

「『くるま』の『く』だね」「『くまさん』の『く』だね」とカードを見せているうちに必ず覚えます。焦らず叱らず、遊びながら覚えていくのがいいでしょう。

同時になぞり書きして何回も書くことで、「く」が脳に認識されて定着します。

ひらがなをきちんと書けることはとても大事なこと

鉛筆で書くことに慣れたらひらがなを書く練習に移ります。

「く」や「し」「の」などの一筆で書けるひらがなから始めるといいでしょう。

「ひらがなはきちんと書けるようにしましょう」と言うと、「それはうちの子もできています」と言うお母さんが多いのですが、私から見ていい加減になっている子どもが多いものです。

①鉛筆を正しく持ちましょう。

鉛筆は握りしめると筆圧が強くなりうまく書けません。親指と人さし指で力加減を調節しながら手を動かして縦に字を書くことは、小さい子にとってはなかなか難しいことですが、繰り返しているうちに必ず書けるようになります。

②トメ、ハネ、はらいまでしっかり覚えさせる。

ここは完璧をめざしてください。

トメるところはトメ、ハネるところはハネ、はらうところははらうように書きましょう。体操選手が大回転しても最後の着地で失敗すると大幅に減点されるように、ひらがなも着地が大事と教えましょう。

なぜなら、ひらがなをきちんと書くことは勉強の基本だからです。ここをきちんとしないままにしておくと、勉強全般に影響が出てきます。

ここで勉強するのはひらがなの書き方もそうですが、何事もきちんとするという態度です。「勉強はきちんとしないといけないんだな」ということをひらがなを書くことを通して学ぶのです。

ひらがなをいい加減に書く子は何でもいい加減に済ます子です。この後の九九や筆算、また社会や理科で覚えるべきことをきちんと覚えないまま、先に進んでしまう子です。いい加減にしか仕事をしない大人になります。

「ひらがなは学校で勉強するから大丈夫」と思う方もおられると思います。たしかに学校でもひらがなは時間をとっていていねいに教えてくれますが、批判を覚悟で言えば、先生が1クラス30人以上の児童を見るのはたいへんで、どこかに見落としがあると考えてください。

ここは人任せではなく親ががんばらないといけないところ。親の責任において、トメ、ハネ、はらいまできっちり書けるようにしてください。

私は基本、大ざっぱな性格で、生真面目なタイプでは決してありませんが、ここだけはこだわりました。

なぜならここを放棄してしまうと、後になってカバーするのに苦労するからです。小学5～6年生になってなかなか点数が取れない子は、小さいころの親のこだわりが不足していたことが原因だと考えています。

逆にひらがなをしっかり押さえていたら、カタカナも漢字も数字も延長線上にあるのですんなりと書けるようになります。

ひらがなをきちんと書くことはとてもとても大事なことです。

市販のドリルは根こそぎ購入しました

ひらがなをはじめとして字を正しく書くことが勉強の基本です。

では、どのようにして勉強したらいいのでしょうか。

ここでも、遊び感覚で字を書く工夫をしたらいいと思います。

私は1つのドリルを繰り返すのではなく、いろいろなテキストやドリルを買ってきて「今日はこれでやってみよう」と変化をつけていました。

小学校からもドリルが配布されますが、正直おもしろ味に欠けます。その点、市販のドリルはデザインや色彩、キャラクターなどで子どもを楽しませていると思います。最近では『うんこ漢字ドリル』（文響社）のようなユニークなドリルもあっておもしろいと思います。

私は市販のドリルを根こそぎと言っていいほど購入しました。

ここでも鉛筆に飽きたら、クレヨンでもマーカーでも色鉛筆でも筆記具は何を使ってもいいことにしました。私のおすすめはクーピーペンシル（サクラクレパス）です。消しゴムで消せますし、子どもたちの服が汚れず洗濯が簡単です。

カタカナが苦手な子。原因は親にあり

「うちの子、カタカナが苦手で」と言うお母さんは多いのです。カタカナは直線が多いので子どもにとっては覚えやすいはずなのに苦手な子がいるのはなぜでしょう。

それは、**ひらがなを教えて子どもがやっと覚えた段階でお母さんたちがほっとして、字に対する情熱が消える**からです。その気持ち、私もよ〜く理解できますよ。また、カタカナの使用頻度がひらがなほど高くないのも軽視される原因かもしれません。

カタカナは「ツ」「シ」「ソ」「ン」の４つを書き分けることがポイントです。大人でもこの書き分けが怪しい人がいるので注意したいものです。

column

もし私が先生だったらひらがなをこう教えます

「もし先生になったら、1日中ひらがなを楽しく教える自信があるなあ」と独り言のように言ったら、「どんなカリキュラムですするのですか」と聞かれたので、思いつくままに述べてみます。

まず1時間目は、絵本を読みます。『おむすびころりん』はどうでしょう? 読み終わったら、『おむすびころりん』の中からひらがなを「す」「こ」「ろ」など3つぐらい選んで、書いてもらいます。子どもたちが書いたひらがなを見て回ってきちんと書けているかどうかチェックして、書けていなかったらもう一度書いてもらいます。

教室には50音表を貼って、習ったひらがなには色を塗っていきます。

2時間目は紙芝居です。『ももたろう』とかはどうでしょう?

終わったらまた、「も」「た」「う」など出てきたひらがなを書いてもらい、50音表に色を塗ります。やっていくうちに塗られたひらがなが増えていくので、子どもたちは喜ぶし、残ったひらがなを早く書きたいと思うでしょう。

3時間目は、外で遊びます。体を動かすのも大事です。

4時間目は、図工です。

ひらがなの中から好きな文字を選んで、色画用紙に大きく書いて、はさみで切り抜いて白画用紙に貼って作品に仕上げます。横に好きな形に切った画用紙を貼ってもいいです。

そして余裕ができたころには、同じようにして簡単な「木」「川」などの漢字もここに入れていきます。

勉強は楽しく教え、楽しく習いたいもの。

特にひらがなは日本語の基礎なので、教え込もうとか、知らなくてはいけないと力まずに遊びの中で文字を覚えたらいいと思います。

私はこのような楽しくできる勉強法を考えるのが大好きです。

ここではもし私が先生だったらという仮定でお話ししましたが、家庭でもできる方法なので試してみてはどうでしょうか？

数字は0～9までていねいに書くだけでいい

数字は、0から9までの10個を書けるようにすればあとは組み合わせなので子どもも比較的簡単に習得できます。

0から9の数字で書きにくいのは6、8、9です。ゆっくり繰り返して書くときれいに書けるようになります。0（ゼロ）の文字は、書き始めと書き終わりがきちんと合わないといけません。これをいいかげんにすると6（ロク）になるので0（ゼロ）の書き方はきちんと教えてください。

消しゴムでしっかり消すことも勉強

ひらがなや数字を書くことに力を入れるお母さんも、消すことにはあまり意識を持っていないのは残念です。**間違えたら消しゴムできれいに消すことも勉強の基本**で、何かをきっちりとすることの一部として重要です。

消し方がいい加減だと、たとえば筆算や文章題の式のとき、前に書いた数字が残っていて、消したはずの数字で計算して不正解になることがあります。

消しゴムはＭＯＮＯなど普通の消しゴムでいいので、間違えたらしっかり消すまでが勉強ということを伝えましょう。

1けたの足し算はできるまで練習する

小学1年生の算数で一番の山場は1けたのくり上がりのある足し算、引き算。ここでつまずく子は多いです。

算数の基礎になる勉強なので、すぐに答えが出せるまで練習しましょう。すぐに答えを出せる子もいますし、できるまで時間がかかる子もいます。すばしっこく動ける子とそうでない子がいるように、頭もすばしっこく動かせる子とそうでない子がいますが、ゆっくりな子はその分、深く考えることができるのです。ですから、すらすらできないからといって叱ってはいけません。叱りたくなったら子どもの立場になって考えましょう。大人にはたやすいことでも、まだ数年しか生きていない子どもにとって1けたのくり上がり足し算は難しいのです。

スロータイプの子も、繰り返すことですらすらと答えを出すことができるようになります。少しやってできないと、「うちの子は頭が悪いのよ」とか「数字が苦手なの」と言ってしまうお母さんがけっこういますが、それは母の工夫が足りないだけなのです。

ほかの子どもが1回で覚えるのに、わが子は10回しないとできないと嘆くなら、10回したらいいと思います。場合によってはできるまで100回繰り返せばいいのです。

それができるのは母しかいません。

《1けたのくり上がりのある足し算》

1けたのくり上がりのある足し算は以下の36個です。

苦手な足し算は30枚、1か月間壁に貼って覚える

わが家の長男が苦手にしている足し算がありました。

7＋8です。

7＋8の何かが彼の頭の中でしっくりこないことがあったのでしょう。15

2＋9=11				
3＋9=12	3＋8=11			
4＋9=13	4＋8=12	4＋7=11		
5＋9=14	5＋8=13	5＋7=12	5＋6=11	
6＋9=15	6＋8=14	6＋7=13	6＋6=12	6＋5=11
7＋9=16	7＋8=15	7＋7=14	7＋6=13	7＋5=12
7＋4=11				
8＋9=17	8＋8=16	8＋7=15	8＋6=14	8＋5=13
8＋4=12	8＋3=11			
9＋9=18	9＋8=17	9＋7=16	9＋6=15	9＋5=14
9＋4=13	9＋3=12	9＋2=11		

とすぐに答えを書くのですが、ほかの計算より0・2秒ほど遅れるのです。これは小さなことですが、877＋175などけたが増えて、7と8がたくさん出てきたら問題は大きくなります。それで7＋8の小さな問題のうちに潰すことが大事だと思いました。

その対策として私は、**コピー用紙に「7＋8＝15」と書いた紙を30枚壁に貼りました**。工夫したのは、

①いろいろな色のフェルトペンで書く➡カラフルで楽しい。
②斜めに貼る➡違和感があり心に残る（水平に貼ると壁に同化してしまいがち）。
③1か月貼る➡1週間ではなかなか覚えないもの。覚えるまで貼るのがポイント。

このようにしたら、もう7＋8で一瞬たりともとまどうことがなくなりました。

1けたのくり上がりのある足し算は7＋8のほかに、

4＋7＝11

4＋8＝12

6＋7＝13

6＋8＝14

なども子どもたちは苦手なようです。

2つ以上の苦手があった場合は、1か月7＋8＝15を30枚貼り、翌月に4＋7＝11を貼る、その翌月は4＋8＝12……と貼っていきます。交ぜてしまうと覚えないので、1つずつクリアしていきましょう。

1つの苦手な足し算に1か月かかるとなると、「2年生になってしまう」と焦る方がいるかもしれませんが、苦手をそのままにして進むと、どんどんわからなくなって算数自体がいやになってしまいます。「急がば回れ」、ここで足元を固めて進むほうが得策です。

くり上がりの足し算は文章題で威力を発揮

壁に苦手問題を貼る作戦のほか、私は長男にことあるごとに「7＋8は？」と問いかけていました。お風呂から上がった子に「7＋8は？」とか、朝登校するときに「いってらっしゃい。7＋8は？」などサプライズでクイズを出題しました。「そこまでやる？」と言われるかもしれませんが、もちろんしかめっ面をして追い込むのではなく遊びモードで楽しんでいました。

1けたの足し算は算数の基礎ですが、実は高学年になって文章題で力を発揮します。たとえば速さや分配の文章題で、文中に15という数字が出た場合、「7と8に分解できるな」というところから解法へのヒントが浮かびます。**15という数字を頭の中で遊ばせ、7と8が絡んでいるのかと推論すれば正解にたどりつく**道が見つかるのです。

文章題が苦手な子どもは多いのですが、高学年で文章題につまずく本当の原因は小学1年生にあるかもしれません。くり上がり計算の習得不足が意外な場所で苦手分野をつくってしまうことがあります。

このように数字に対する応用力、直感力を育てるためにも、7＋8＝15と瞬時に答えが出る状態にしておいたほうがいいでしょう。

算数の教科書や学習参考書では、7＋8の考え方として、7に3を足して10にし、8を3と5に分解して15という答えを導き出すと解説されていますが、この理論は子どもにとってはむしろ難解ではないかと思います。

それよりも、7＋8＝15と単なる記号として覚えたほうが子どもにはハードルが低いと考えています。

そして、理屈ではないのでできないからといって叱る必要もなくなります。

引き算が苦手？　それは足し算の勉強不足です

「足し算はできているのに引き算が苦手です」と言うお母さんがいます。

どうしたらいいか、その答えは明確です。

足し算をもっとすることです！

7＋8＝15ができていたら、15－8＝7や、15－7＝8にすんなり移行できます。

そのお子さんは**引き算が苦手なのではなくて、足し算が不十分なのです**。できているようできていないのです。

引き算の練習を繰り返すのではなく、一度戻って1けたの足し算の習熟度を高めましょう。

column

○1から100まではお風呂で唱える

1から10まで、10から100までを数えるのはお風呂タイムを利用しました。イチニイサンシイ……ととりあえず呪文のように唱えて覚えるのでいいと思います。1から10まで数えたら、あとは10、20、30をつけていくだけなので、子どもにとっては覚えやすいでしょう。数とは何かを教えるのは後からでOK！　九九も同じですが、最初に理論を教えるのは子どもにはハードルが高いもの。「門前の小僧習わぬ経を読む」形式で口誦《こうしょう》を先にして、後から数や位を理解するほうが早いのです。

お風呂タイムを利用しての数の練習は、手伝いによく来てくれていた母がやってくれていました。母は「ゆっくり数えてね」と言うので、100数えたころには子どもたちが茹《ゆ》でダコのようにまっかになっていたのも今はいい思い出です。

子どもは100までの数を呪文として覚えますが、この呪文が実は数列であることを理解すると算数の導入になります。

わが家では100まで数えると同時に、100のマスが書いてある数字盤（「磁石すうじ盤100」／くもん出版）を使って磁石がついたコマを埋めていく遊びをして数字の位置づけを覚えていました。きょうだいでタイムを計って競い合うのが楽しくて何回もやっていました。くもんの学習塾で開かれた「数字盤大会」に出場して優勝したこともあります。

九九を覚える

九九はCDで先取り学習がラク

通常、小学2年生から九九を勉強しますが、わが家の子どもたちは先取り学習で幼稚園のときに覚えました。

がんばって練習したのではなく、市販の九九のカセットテープを、車の中で流しただけ。40分間であっという間に覚えてしまいました。

小学校では、1の段、2の段から始まり9の段までを少しずつ学校で勉強して家庭でも暗唱するというやり方だと思いますが、手間がかかります。**音楽に合わせて唱えれば小さい子ほど歌を覚えるように一気に覚えられます**。早くてラクな方法です。

わが家の子どもたちが聞いていたカセットテープはもう販売されていませんが、今はCDがたくさん市販されているので、試してみてください。子どもによって覚えやすいものは違うので数種類比べるといいでしょう。

理論より暗唱。江戸時代の素読方式が効率的

小学校では、九九を覚える前にかけ算の意味から教えます。

たとえばりんごがお皿に2個載っていて、同じお皿が3枚ある。2×3＝6で全部で6個あるという教え方です。そう説明されても2＋2＋2＝6と2×3＝6の違いが子どもにはよくわかりません。教育理論の分野では理解への正しいアプローチ法なのかもしれませんが、子どもにとってはかえって難しいのではないかと思います。

江戸時代、武士の子弟は漢学塾でまず先生に従って『論語』などを声に出して読んでいったそうです。意味を理解しないでただ読んでいく方法を素読といいますが、まず**暗記してから後になって意味を教えてもらうと早く理解できた**といいます。

九九もまず覚えて、後で理論を知れば、「ああ、そういうことだったのか」とすんなり理解できるでしょう。

家庭では、かけ算の理論に時間を割かず、暗唱を優先させてください。〝まず覚えて理論は後〟方式が、より早くラクに理解できます。

お子さんは、ほんとうに九九を習得していますか？

ＣＤを使うにしろ、１段ずつ覚えるにしろ、九九はごまかさずにすらすらと言えるまで練習しましょう。６の段、７の段、８の段が苦手な子が多い段です。

まとめて学習すると間違って覚えていることが発見しにくいので、お母さんは１段ずつ正しいか確認しながら進めましょう。

暗唱できたら、アトランダムに九九の中のかけ算を取り出して、すぐに言えるかの練習をします。

九九カード81枚を用意して、表にかけ算、裏に答えを書くなどしてどこから出題されてもできるまでやりましょう。学校でもらうカードや市販のカードでもいいでしょう。

九九は算数の基礎だけでなく、勉強の基礎です。すらすら言えて、アトランダムに出題されてもすぐに答えられるレベルまでマスターします。時間を計るのもいいですね。正答までの時間が少しずつ短くなっていくと、子どももゲーム感覚で達成感が味わえます。

九九の習得をどのレベルまでするかと言うと、具体的に表現するのは難しいのですが、

「だいたい覚えています」

レベルでは不足です。

「完璧にできています」

でもまだ精度が必要です。あえて言えば、

「ここまでやるのですか?」

と不審がられる、その先の習熟度まで持っていくことを目標にしてください。

表現がヘンかもしれませんが私は、

「え～っ！　佐藤さん！　そこまでやるなんて信じられないです!!」

と呆《あき》れられる段階までいくようにしていました。

子どものペースに合わせて少しずつ

もちろん、（何度も申し上げますが）子どもができないからといって叱ったり、お母さんが焦ったりしてはいけません。

「うちの子は勉強に向いてない」は禁句。

九九の段階で得意も不得意もありません。

すぐに覚えられる子もいれば、なかなか覚えられない子もいますが、それは怠けているのでも知能が低いのでもなく、単なる個性にすぎません。

九九は理解ではなく暗唱なので、繰り返しと慣れで習熟するもの。なので、できないからといって叱ることはありません。

よその子がすぐに覚えてしまって、わが子が10回やっても覚えられないなら、20回繰り返します。極端な話、１０００回必要だったら１０００回やったらいいのです。根気よく子どもに寄り添って九九を１０００回見てくれる人は、お母さんのほかにはいないのです。

短期間でマスターできなかったら、１日に少しずつやっていきましょう。

本来2年生でできるようになる九九が、覚えられず3年生になってもいいと思います。覚えたつもりになって穴が空いたまま学年が進み6年生になって苦労するよりも、しっかり地盤を固めてから進むのが長い目で見たら近道です。

割り算が苦手？　それはかけ算の勉強不足です

引き算の苦手は足し算の練習不足と述べましたが（１６４ページ参照）、割り算、かけ算についても言えます。

「うちの子、割り算でつまずいていて」と言うお母さんの子どもは、かけ算（九九）

の勉強不足、またはどこかにうろ覚えな箇所があるのが原因なので、九九に戻って穴をふさいでおきましょう。

難関中学入試の計算問題は、けた数の多い複雑な問題が出題されますが、**九九をしっかりやって数字の感覚を磨いておくと、「こんな数字で割れるのではないか」などという勘が働いて正解に到達する**手がかりが得られます。

小学校では4年生以降、けた数の多い計算や小数、分数、割合、比例・反比例、グラフ、図形、面積、体積などを学習します。

だんだん難しくなっていくようで不安かもしれませんが、これらの分野も基礎は1けたの足し算と九九からできていると言っても過言ではありません。

苦手なことができたら、先を急がずに足し算と九九に戻ってみましょう。

基礎のプリントを積み上げたら厚さ50㎝

このように、

- ひらがな
- 1けたの足し算
- 九九

の3つは親の責任として必ず習得させてください。この3つさえ完璧なら小学校の勉強は終了したも同然です。

わが家の子どもたちは、この範囲のプリントを積み上げたら約50㎝の厚さになるぐらいやったと思います。

と言うと、必ず「私は佐藤さんのように子どもに勉強をさせる根性がないから」と言うお母さんがいますが、根性でしなくていいのです。**勉強は淡々とすると辛くありません。**なぜするのかと意味づけしたり、「がんばるぞ」と力むと続きません。野球選手が毎日素振りをするように、あたりまえのようにするのです。

column

○時計を読む&お金の計算はリアルが大事

「時計がなかなか読めない」と言うお母さんにアドバイスです。

時計は壁の上のほうに掛けてあると子どもには見にくいので、なるべく彼らが見やすい低い位置に置いて、「今は3時だね」と折に触れて時刻に親しむようにするとそのうちに覚えます。

時計を読むときにはおもちゃの時計や、算数セットの中の時計ではなく、実物を使うのがコツ。偽物の時計だとどこかで架空の時刻だと思うのか、集中できないようです。

実物を使うといいのはお金の計算も同じです。お金の計算は1年生で習いますが、家で復習するなら「子ども銀行」のお金ではなく実物を使いましょう。リアルな現実が体感できて、比較的すぐにお釣りの計算ができるようになります。

第7章

小学校時代に
クリアしたい
苦手克服法

苦手を潰す「勉強ノート」のつくり方

たとえば、小学4年生になって計算ミスが多い、どうやら九九に漏れがあるようだとわかった場合、九九を復習するスケジュールを立てます。

1か月など長期間で日程を組むとそれだけでいやになるので、**1週間程度のスケジュールを立ててそれを繰り返したほうが効果が上がります。**

ノートを1冊用意して1ページを半分に区切り、左に①何を②いつするかの予定を書き、右には実際にした内容を記入します。

少しの量でも、3日前に何をしたかは覚えていないもの。ノートをつくって記録すると、子どもの成長が形としてわかります。反対に何も書かずに進めると、やっていないのにやったような気になって成果が上がりません。

また、勉強のスケジュールの予定を立てて記入することで、何をいつすればいいかが見え、勉強へのストレスが軽減されます。予定されたものを淡々とこなせばいいので、「これで成果はあるのか」などと、余計なことを考えずに済むのです。

180ページのスケジュールは「九九の復習」という最もシンプルなもの。これが基本です。

たとえばこのお子さんが来週、漢字テストがあって漢字30個を覚えなくてはいけないとしたら、この基本スケジュールに1日5個の漢字を加えていけばいいでしょう。子どもには体調や感情の波があります。たとえば運動会の練習が続くと疲れていたりします。できなかった分は子どもの様子を観察しながら、無理なく予定を立て、予定が終わらなくても焦らず、翌日に回してゆっくり取り組みましょう。

漢字テストがあるなら前もって予定を立てましょう（181ページ参照）。苦手分野があっても子どもを追い詰めず、極端な話、今4年生の子が5年生になったときにできたらいいので気にせずじっくり取り組みましょう。

しかし、必ずやり遂げること。**基礎に穴があると先でいくら勉強しても成績は伸び**

九九の復習スケジュール例

予定		勉強した内容
10月2日(月)		
7時30分	起床・朝食	
	2、4の段	**2の段◎　4の段×**
8時10分	登校	
16時	下校	
17時	宿題	
	3、5、9の段	**3の段◎　5、9の段×**
18〜19時	夕飯	
	6、7、8の段	**6、7の段◎　8の段×**
10月3日(火)		
7時30分	起床・朝食	
	6、8の段	**6の段◎　8の段×**
8時10分	登校	
16時	下校	
17時	宿題	
	2、5、7の段	**2、5の段◎　7の段×**
18〜19時	夕飯	
	3、4、9の段	**3、4、8の段◎**
		9の段×

★2〜9段と順序どおりにせず、ばらばらにしたほうが変化がつくし、力になる。
★できなかったものを次に繰り越すとノルマが増えていやになるので、決められたものだけして、できなかった段は時間が取れる夜、または翌日に回して負担のないようにする。

九九の復習と漢字テストの勉強例

予定		勉強した内容
10月2日(月)		
7時30分	起床・朝食	
	2、3の段	**2の段◎　3の段×**
8時10分	登校	
16時	下校	
17時	宿題	
	4、5、6の段	**4の段◎　5、6の段×**
	「愛・協・最」	**愛◎　協◎　最◎**
18〜19時	夕飯	
	7、8、9の段	**7、9の段◎　3、5の段×**
	「初・唱」	**初×　唱×**
10月3日(火)		
7時30分	起床・朝食	
	6、8の段	**6の段◎　8の段×**
8時10分	登校	
16時	下校	
17時	宿題	
	2、5、7の段	**2、5の段◎　7の段×**
	「焼・健」	**焼◎　健×**
18〜19時	夕飯	
	3、4、9の段	**3の段◎　7、8の段◎**
	「芸・競・旗」	**9の段×**
		芸◎　競◎　旗◎

ていかないからです。

まとめ

●勉強は子どもの様子を見ながら、無理なく予定を立てる。
●「勉強ノート」をつくって、「予定」と「勉強した内容」を記入して、できたら◎、できなかったら×をつける。

苦手があれば3学年以上戻りましょう

苦手な科目や分野があるということは、どこかに置き忘れてきた項目があるということです。**新しく習う項目を長時間勉強するよりも、戻って復習したほうが早く目標に到達します。**

たとえば、中学3年生で数学が不得意だという場合。中学1年生まで戻って復習しようと考える人は多いのですが、さらに3学年前の、小学4年生まで戻って復習してはどうでしょうか。

4、5、6年生の学習内容を復習するのは時間がかかると思うかもしれませんが、一度習っているのですからせいぜい全体で3か月ぐらいしかかかりません。薄めの問題集を買ってやっていくといいでしょう。

中学3年生で英語が苦手な場合、英語なら最初に戻ったとしても中学1年までで済むのでさらに早く復習が完成します。

学年を戻って復習すれば必ず成績は上がります。

漢字は初回が大事です

漢字を覚えるための勉強法に悩むお母さんは多いのですが、漢字の勉強も〝字をきちんと書く〟という姿勢の延長線上にあります。

漢字を勉強する前に、ひらがながきちんと書けているか、もう一度チェックしてください。

小学校で覚える漢字は6年間でたった1006個です。人としての基礎づくりと考え、親の責任として必ずマスターさせましょう。

漢字の勉強は最初が肝心です。

新しい漢字が出てきたら、大きくゆっくり、書き順を守って書かせます。お母さんはぜひ横で見ていてあげてください。間違えて覚えると後から直すのがたいへんです。

書き順は、その漢字が一番きれいに書けるように考えられたものなので、そのとおりに書くべきと思います。また、順序立てたほうが覚えやすく効率よく習得できます。「右はノを書いて一を書くときれいに書けるね。左は一からノを書くんだね」と母の言葉が耳に残ると覚える手がかりになります。

１００６個の中には「必」や「飛」のように書きにくい漢字や画数の多いものがあります。

そのときは、大きな紙を使ったり、ドリルを拡大コピーしたりするとわかりやすくなります。

漢字に限らず、計算問題も狭いスペースですると間違いやすいもの。広いスペースをつくってあげると不思議と問題もやさしく思えますし、見通しがいいためかごまかしが利かないので正しく書けるようになるのでおすすめです。

四文字熟語、ことわざは新聞で用例をピックアップする

四文字熟語やことわざは子どもにとって難しい分野です。なぜなら子どもたちが生きている世界で四文字熟語やことわざは使われていないからです。

四文字熟語やことわざがリアルに使われていることを理解させるのに適しているのが新聞です。わかりやすく短い文章で表現する新聞にはこれらがよく出てきます。

たとえば政治面での「○○は当時、四面楚歌だった」とか、「○○したが焼石に水だった」などです。私は新聞で子どもたちが習った語句を見るたびに、マーカーで印をつけて、「ほら、こういうふうに使われているね」と示していました。

読書体験は国語の成績に直結しません

国語の長文読解ができるようになるには読書体験が必要で、たくさん本を読むと国

語が得意になるとよく言われますが、少し違うように思います。

読書は本来、娯楽の分野に属するもので勉強とは別物です。

読書をしても成績には直結しませんし、国語力が上がるほど読書をするには、膨大な量と時間が必要です。

やはり**国語の長文読解力を上げるには、問題を解いて答えを出すのが一番**です。

問題文を自分で音読するともっと内容が頭に入りやすいでしょう。

長文問題は私が子どもに読んで聞かせてから解かせるようにしていました。

それでも読書習慣をつけたかったら、お母さんが読書をすることです。お母さんが本を読む習慣がないのに子どもだけ本を読む習慣がつくことはあまりないものです。

文章題はお母さんが読んであげると内容が頭に入る

「計算問題はできるのに文章題になると解けません」という悩みを持つお母さんは多いようです。

文章題は算数ではなく国語の読解力が必要です。小さい子どもにとっては文章を読んで理解して、さらに式を立てて計算して解くという2つを同時にしないといけないので難しいのです。

そのときは、お母さんが問題文を読んであげるといいでしょう。

たとえば、「4個の積み木は2個の積み木の何倍ですか」という問題があったとします。

文字面を読んで理解するのは難しいのですが、お母さんがゆっくり「4個の積み木は（ひと息入れて）、2個の積み木の（ひと息入れて）、何倍？」と抑揚をつけ、4個と2個の積み木を手で形づくりながら読み聞かせると、イメージしやすくなります。

子どもが理解できないことには理由がありますが、親はときどき、子どもが何がわからないかがわからず、ただ叱ってしまいます。

お母さんは子どもの身になって、子どもに寄り添って、どこがわからないのか、どうしてわからないのかを考えてみてください。

文章題は暗記すると成績アップ

高学年になると文章題も複雑になります。

算数・数学の文章題も計算と同じように、数をこなすことで解けるようになります。

「文章題は暗記です」と説明すると、「数学は長時間考えて答えを出してこそ理解力が高まる」と反論されますが、数学者がフィールズ賞レベルの新理論を発見するならいざ知らず、短時間の試験の中で正解を出すことが求められている受験の世界では、出題パターンを把握して正解を導き出すノウハウをつかむことが大事で、そのためには問題を数多くこなすことです。

わが家の子どもたち4人がお世話になった中学受験塾・浜学園の算数科主管・村田竜祐先生は、長時間熟考して解く算数を「自力型算数」と呼び、難度が上がると成績は伸びにくいものとおっしゃっています。なぜならば1問に時間がかかりすぎて多くの問題量をこなせないからです。それに対して解法を理解して覚えていく算数を「記憶型算数」と呼んで推奨されています。先生は、

「算数を解くセンスを持ったお子さんはたしかにいます。でもセンスがあるお子さんでも問題を多く解かないと次第に成績は下がります。反対に算数のセンスがないと思われるお子さんでもたくさん解くうちに解法パターンが理解でき、成績が上がっていくものです」

とおっしゃっていて私も同感です。

たとえば、わが家の息子たちは高校のとき、数学の「場合の数」が大嫌いでした。場合の数とは、「サイコロを振って出る目の組み合わせはいくつか」のような問題です。

この問題の対処法としては、長男が「とにかく多くの問題を解くしかない」と言っていました。問題を多く解いているうちに、「サイコロを2つ取り出す場合はこうだったな」と思い出し応用が利きます。大学受験の問題はいくつものパターンが組み合わさったものなので、経験を積んでいると正解が導き出されます。

どれぐらいすればいいのかというと、10問とか20問では不足です。**100〜200問繰り返し、不足なら完璧に理解できるまで1000問以上解く**ぐらいの覚悟が必要です。

社会・理科の勉強法

覚えるべきことは覚える

社会や理科の勉強はまず、覚えるべきことを覚えることから始めます。

その後で、問題集で知識を定着させていきます。

学校でテストがあるとわかったときに、その範囲を問題集で復習するといいでしょう。

新聞でリアルな社会問題を知る

社会の記述問題も子どもたちは苦手ですが、これも新聞が役に立ちます。以前、新聞で高齢の夫婦が年金を巡って争いになり、殺人事件にまで発展したという記事を読みました。年金のことは公民で習いますが、社会経験の少ない子どもたちにはピンときません。そこでこの新聞記事を読み聞かせて、「やはり高齢者にとって年金問題はこれぐらい切実なんだね」と母の感想を入れました。

実際に起きた事件を聞くと、教科書や参考書でしか知らない事柄が三次元的に立ち上がって受け止められます。

子どもは、「自分はリアルな世界で生きているんだ」ということを実感し、学校で習っていることは重要なことだと理解するでしょう。

地図帳は5冊購入

社会で山地山脈・海流・川・火山帯、県と県庁所在地、工業地帯などの産業、また名産品や伝統工芸を覚えるのは、白地図に記入していく方法が適当です。

いつでも確認できるように、私は同じ地図帳を5冊買いました。1冊は子ども用で、1冊は私用、あとの3冊は本棚など部屋のあちこちに置いて、いつでも見られるようにしておきました。

子どもと勉強していて、1冊の地図帳を額を寄せて見るのは不便です。1人に1冊ずつあればゆったり見ることができます。

地図帳や資料集や教科書がほしいときは、出版社に問い合わせて送ってもらうか、教科書の取次会社で購入することができます。ネットでも販売しているのでチェックしてみてください。

問題集にはインデックス

お母さんは子どものマネージャーです。勉強をやりやすくして、学習に専念する環境をつくるのが仕事です。

たとえば、問題集があったら、章ごとにインデックスをつけて、「1」「2」というように書いておくと、すぐに目標のところがめくれて勉強が早くスタートできますし、ページを探す労力が少なくて済みます。

時間が短縮できてもわずか2~3秒程度で、細かいことだと思われるかもしれませんが、この小さな工夫をすることで効率よく進められます。

トヨタの自動車工場では、常に部品や工具をどこに置くかを工夫して効率よく作業が進められるようにしているそうです。これが世界で「トヨタ式」と呼ばれる最高の仕事パフォーマンスを達成する方法です。勉強でも同じことが言えるのではないかと思います。

インデックスをつけるというささいなことから、成績は上がっていきます。

テストの×は宝物。惜しい問題だけを見直すとラク

テストが戻ってきたら、点数だけ見て叱ったり、クラスの平均点を聞いて比較してはいけません。入試本番以外のテストは、どこができていないかをチェックするための重要な情報と位置づけましょう。

×を見直すときに気をつけていただきたいのは、全部の×を見直さないということです。

×が5問あれば全部見直すのは負担で、勉強嫌いになる原因になります。

お母さんは5問の不正解の理由をよく見てください。

まったく理解できなかった問題もあれば、途中までできていて惜しかった問題もあります。惜しい問題が2問で、歯が立たなかった問題が3問なら、その3問は捨てて惜しかった2問だけを見直すと時間もかからず、意欲的になれ、前向きに勉強に取り

組むことができます。

「惜しい2問」の見直しを繰り返すと実力が確実についていきます。

塾に行くのは○。でも行かせっぱなしではダメです

苦手な項目がそのままになっている場合、塾に行くのも選択肢の1つです。

わが家でも、塾の先生にはとてもお世話になりました。ある先生の作成する日本史のプリントがわかりやすく、内容が深く、子どももその先生の授業を楽しみにしていましたし、私自身、子どもがプリントを持ち帰るのを奪うようにして熟読したことがあります。

ただ、行かせっぱなしで塾にお任せだと成果は上がりません。

塾に行くなら、**塾からの宿題をきちんとしているかどうか、テストの結果はどうなのかを把握**していただきたいと思います。

塾にお任せしているだけの保護者の方に限って、成績が上がらないと、先生の教え

方が悪いとか、塾のやり方が子どもに合っていないなどと言うものです。

理解度は「ママに教えて」でわかる

本当に学習内容を理解しているか知りたかったら、「ママに教えて」と聞いてみてください。子どもがするミニ授業が、お母さんにもわかるレベルなら完璧に理解している証拠です。

私は、長男の中学受験のとき、難しい「速さ」の問題を長男から説明してもらいました。実にわかりやすくて、長男はちゃんと理解しているのだなと思いました。

理解度には次のような順番があると思います。

レベルⅠ　授業を聞いて理解する。

レベルⅡ　テストを受けてできている。

レベルⅢ　模擬試験で点が取れる。

レベルⅣ　入試本番で合格する。
しかし、さらに難しいのが、
レベルⅤ　教えられる。

血となり肉となるほど理解していないと人に教えることができません。難しいことをやさしく表現できるのが最高レベルの理解です。

第8章

問題集中心で
効率よく実力をつける、
中高時代の勉強法

小テスト、中間・期末の定期テストを大事に

受験期以前は、部活動などの学校生活を楽しみながら過ごしましょう。

ただし、漢字や単語などの小テストを疎《おろそ》かにしてはいけません。**小テストを軽視していて大きなテストができるわけがない**からです。人は怠けるもの。小テストは勉強のいい動機になります。

中間・期末の定期試験も大事です。覚えたことは試験が終わると同時に忘れていいんです。忘れているようですが、次に勉強したときには何となく覚えていて、前に勉強したときよりも理解が早く、時間も短くて済みます。

先のことは考えず、目先の点数にこだわるのが中間・期末。しかしそれが受験勉強を始めたときに力になります。

中間・期末テストは2週間前から勉強を開始します。

時間がかかる暗記項目や苦手な科目を先に。国語は漢字だけでも先に覚えておくと

後がラク。次に数学や理科の勉強をするとゆったりした日程が組めます。

子どもが勉強計画をつくれないようなら、お母さんが手伝ってあげたらいいと思います。私も中学2年生ぐらいまでは試験勉強のプランをいっしょに立てていました。

つまずきは早めにカバーする

英語は現行制度では中学1年生から学びます。最初は簡単ですが、意外にアルファベットでつまずく生徒がいます。進学校の生徒でも中学受験が終わった解放感からか勉強が疎かになっていることがあるので、親は勉強についていけているか見ておきましょう。

どの教科もそうですが、英語にも、〝必ず覚えなくてはいけない事柄〟があります。単語や熟語、名詞を複数形にする方法、動詞の三人称単数現在形のsのつけ方、動詞の活用などです。これらをきっちりと身につけることです。繰り返せばだれでも覚えられます。覚えなくてはいけないことを覚えないで、成績が上がるわけがありません。

英語はまず構文

文法はまず構文を勉強します。長文読解の勉強は後でかまいません。長文は短文の集合体であり、多少の伏線や独特の言い回しが加わったもの。短文がわからないのに長文が解けるはずはなく、短文の勉強を先行させるのが成績アップへの近道です。

英語で気をつけたいのが公立中学出身の生徒の高1ギャップです。高校入学と同時に急に難しくなるので、中学時代に英語が得意でもつまずくことがあります。少し危ないと思ったら、早めに補強しておきたいものです。

たとえば**完了形が苦手と感じたら、完了形だけの問題集**をします。問題集を購入するとき、チェックしたいのは出てくる単語です。難しい単語が出ている問題集で単語力も同時に伸ばそうという欲を出してはいけません。完了形をマスターするのが目的なら、単語の意味を調べる時間は無駄なので、見てすぐに意味がわかる単語を使っている問題集を選びます。

なるべく薄い問題集を選ぶのがコツ。1冊やり切った達成感が得られます。さらに精度を上げたいなら繰り返して解くと鉄板の実力が身につきます。書き込める問題集なら、同じものを5冊買って5回したらどうでしょう。3回目ぐらいから解くスピードがグンと速くなり楽しくなります。苦手だった完了形が得意分野に早変わりします。

数学は解法パターンを覚える

数学は解法パターンを覚えることがポイントです。

1問にノートの1ページを使い、問題を解きます。できなかったら、解答の下の空欄に赤字で間違えた理由を書き込みます。計算ミスなら何をどのように間違えたかまで記入し、まったくわからない問題だったら、「正答を見て理解」などとメモします。

これを積み重ねていくと解法パターンがわかるようになります。

成績は問題集で上げる。4割理解したら問題集へ！

学力を上げるなら問題集をするのが一番です。教科書や参考書でだいたいの内容を理解したら、早い段階で問題集に移ります。

仕事を覚えるとき、いくら机の上で教わってもできるようになりませんが、現場で経験すると仕事のしかたがわかってくるのと同じです。

実は子どもにとって問題集は怖い存在なのです。それは、最初は点数が取れないからです。わが家の子どもたちも、私が問題集をすすめてもなかなか手を出したがりませんでした。

「いやいや、もうちょっと内容に習熟してから……」

と言って逃げ回っていたものです。私は断固、

「完璧に習熟することは一生ない！」

と主張して問題集を解かせていました。

たとえば、古典文法。教科書や参考書で「助動詞の活用と意味」をだいたい覚えたら、すぐに問題集を解きます。

約4割の内容が把握できたと思ったら、問題集に移行するイメージです。

もちろん、最初はまったく解けません。

×ばかりですがそれでもOK！

×になった問題は赤字で答えを書いて先に進みます。すると全体が把握でき、どんな問題が出題されるのかがわかります。点数を取るためにはこの方法が一番効率的です。

同じ問題集を繰り返していくうちに×が減って○が増えます。3回も繰り返していけばマスターできるでしょう。3回でダメなら4回、5回と増やしていきます（習得することが目的なので1回で習得した人が偉くて、5回やって習得した人が劣っているのではありません）。

仕事も勉強も実地で覚えましょう。勇気を持って問題集に飛び込んでください。数学、理科、社会、英語など、どの教科も同じです。

わが家では参考書は一応備えてはいましたが、ほとんど使いませんでした。「参考書は参考にするのみ」がわが家の方針です。

このほか、教科書や参考書を読みながら、自分でノートをつくっていく勉強法がありますが、時間の無駄になりがち。

最初から問題を解いていくほうが短時間で覚えることができます。

やっていて眠たくなったら勉強方法が間違っています

勉強は効率よくするのがコツ。参考書を読んでマーカーでラインを引くことが勉強だと思っている人がいますが、いくらマーカーを引いても頭に入ってこず、眠たくなるのがオチです。やっていて睡魔に襲われるなら、間違ったやり方で勉強していると思ってください。主体的に勉強する時間を多くするのがコツ。そういう意味でも問題集を解くことを中心にするといいのです。

目の前のテキストを完璧にこなそうとするのも余計な努力です。英文法の問題集や長文問題を解いていて、出てきた知らない英単語の意味を調べて単語帳をつくるのは無駄です。英文法を習得するのが目的なので、単語は捨てて前に進むべきです。完璧主義は意外に受験には不利です。

問題集は順番にしなくていい

問題集をするとき、最初から最後のページまで順番にやっていくと、なかなか終わらず途中でギブアップしてしまいがち。最初から順にやっていかなくてはいけないルールはないので、楽しくできる工夫をしましょう。

たとえば中学2年生になって数学がわからなくなり、中学1年生の問題集を復習する場合。

一度はやっている内容なのでだいたいは理解しているはず。それなら、100問ある問題集を1問から100問まで順番にしないで、1問目、10問目、20問目と解いていって100問目まで行き、次に2問目、11問目、21問目とやっていきます。

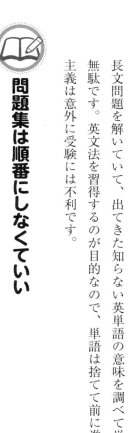

ここで大事なのは一度早く最終ページまでたどりつくこと。到達点を見ると人は安心するものです。頂上が見えて自分がどの位置にいるのかわかる登山はモチベーションが保てますが、頂上がどこであとどれぐらい登ればいいのかわからない登山は不安と疲労が溜まるだけです。

勉強は早めに全体を俯《ふ》瞰《かん》して立ち位置を認識すると楽しめます。

ノートを替えて気分転換

問題集は、数回繰り返して解くと実力は堅固なものになります。

「同じ問題集を何度も繰り返していると、問題を覚えてしまうので実力がつかないのではないか」と言う人もいますが、人間というものは忘れるのが常。よほどの天才でない限り問題はなかなか覚えられません。数回解いても新しい問題と感じるのが人というものです。

1冊全部を繰り返すのがたいへんと思うなら、偶数ページだけするなどでもいいでしょう。

何度も解く場合、2回目、3回目にはノートのページの色を替えると楽しくできます。1回目は白い大学ノートに書き、2回目は中のページが黄色やピンクのものにすると気分が変わってはかどります。小さなことですが、意外に大事。勉強はいかに効率よくするかのほかに、いかに楽しくするかの工夫が大事です。

ノルマは量で決めない。時間で決める

勉強スケジュールを組むにはコツがあります。

睡眠や学校、夕飯など決まった生活時間と、学校の宿題をする時間を引くと、苦手攻略に1日どれぐらいの時間をかけられるかわかります。それが仮に1時間だとすると、「1日問題集を○ページする」とノルマを課してしまうと負担です。

そもそも1日1時間と決めても生活は流動的で、学校の文化祭の準備もあれば体調の悪い日もあるので、「その日にやれる量だけする」と決めたほうがラクにできます。

その代わり、「問題集を2回する」など目標を決め1問1問ていねいにやりましょう(「この問題には一生出会うことはないと思うぐらいのていねいさでしなさい」と子どもたちには言っていました)。牛の歩みのように時間はかかるけれど、このやり方のほうが着実に力がつきます。

苦手な勉強は、1科目ずつ攻略する

思うように成績が上がらないのは、つまずいた項目をそのままにしてきたからで、戻って穴を埋める必要があります。

つまずいたものが多すぎて何からやっていいかわからないなら、やりやすい分野を1つ選んで始めましょう。

数学がわからない場合、図形と代数のどちらか好きな分野をします。両方しようとすると挫折します。

英語の高校教師をしていたとき、ある生徒から「英語が苦手なのでどうしたらいいか」と相談されました。簡単な英単語もわかっていないレベルでした。そこで英語のプリントを渡してやっていくように指示したのですが、「実は数学もわからない」と相談されました。

しかし、ここで英語も数学も両方するのは、ただでさえ基礎ができていないのに負担が大きいと思い、「とりあえず英語に集中したらどう?」とアドバイスしました。真面目な生徒だったので復習していったら成績が上がり、最終的には大学受験の難しい問題も解けるようになりました。

1科目の成績が上がれば意欲が出て、数学も復習するようになります。

苦手科目が2つあれば1つは一度捨て、もう1つに絞って復習します。

今、そこにあるテーマをまず1つだけクリアすると余裕につながります。

1教科を1週間続けると脳が活性化する

苦手科目を復習したいなら、月曜日から金曜日まで同じ教科に絞って続けると、記憶が続き、脳がその教科に慣れて活性化します。

たとえば、数学と英語の復習なら、1日で半分ずつ数学と英語をするより、**1週間英語をして次週に数学をするほうが効率がよい**でしょう。

1週間同じ教科を続けることで、1つの単元が終わるなど力がひとまとまりになります。もし英語をもう1週間続けたいなら、数学を1週間先に延ばすのも手です。

「今週は英語だけ」と決めると頭の中がシンプルになります。時間を有効に活用することができます。

勉強スケジュール例

月）英語・数学
火）英語・数学
水）英語・数学
木）英語・数学
金）英語・数学
土）英語・数学

↓

◎**今週**	◎**来週**
月）英語	月）数学
火）英語	火）数学
水）英語	水）数学
木）英語	木）数学
金）英語	金）数学
土）英語	土）数学

第9章

確実に合格する大学受験のスケジューリングと科目別攻略法

大学受験は時間と勉強量とのせめぎ合い

受験勉強で大事なことは、限られた時間の中で必要な項目を漏らさずにこなすことです。合格するために必要な点数は決まっていて、必要な勉強量も決まっています。いかにするべきことを入試日までに間に合わせられるか、受験は時間と量のせめぎ合いです。

ここでは、「文系志望。5科目での入試。現在高校2年の10月1日」という設定で具体的に述べます。

★ステップ1　行きたい大学の赤本を買う

受験勉強を始める前は、だれでも何をどれぐらい勉強したらいいかがわかりません。手当たり次第に参考書の1ページ目から読んでいくと途中で挫折します。

私は受験勉強の最初に過去問をすることを子どもたちに教えてきました。

志望する大学がはっきりしているならその大学のいわゆる赤本（『大学入試シリーズ』教学社）を購入して傾向を見ます。志望校がはっきりしていない場合でも、だいたいの希望の大学の赤本を数冊買うといいでしょう。今は少し無理だと思うレベルの大学でもかまいません。中学生の段階で希望する大学の赤本を買うのでも早すぎることはありません。

漠然と希望する大学を思い描くのではなく、目の前に現実として大学の問題があることが大事です。親が子どもに入学を希望する大学の赤本を買うのではなく、受験生本人の選択に任せます。

赤本に掲載されている過去問を見ると、今は歯が立たない問題ばかりではあるものの、今勉強している内容の延長線上に入試問題があることが体感できます。

高校2年生では「数学」「理科」はちんぷんかんぷんでも、「国語」と「英語」は解ける問題が少しはあるのでとりあえずやってみます。

「どれぐらいの単語が出るのか？」「長文読解のレベルは？」「古典文法はどれぐらい勉強したらいい？」といったことを知ることで、どんな勉強が必要かがわかります。

「敵を知り、己を知れば百戦殆《あや》うからず」。ここで相手を知ることができ、自分の立ち位置を知ることができます。「問題を解くぞ」と力まずに、まずリサーチするつもりでやってみましょう。

★ステップ2　受験まで「何分」使えるかを計算

次に入試日までにどれぐらいの時間があるかを計算します。

たとえばセンター試験が翌々年の1月にあるとしたら、何日あるか、電卓を使って計算します。日にちが出たら24時間をかけ、さらに2／3をかけて起きている時間を算出。さらにここから登校時間を含めて学校に行っている時間（8時間）、食事やお風呂の時間（1時間）を引くと、勉強に充てられる時間がわかります。ここで大事なのは、この時間数に60をかけて「何分か」を出すこと。よりリアルな数字がわかります。

これを志望校の入試問題の制限時間で割ると、これから過去問が何回できるかがわかり目安になります。「そんなに時間がない」という危機感が生まれ、意欲が喚起できます。私は高3の夏休みにちょっと遊んでしまった次男に対し、電卓を打って細かく説明した記憶があります。

★ステップ3　勉強スケジュールを立てる

次に勉強のスケジュールを立てます。勉強のスケジュールは受験勉強の柱です。入試の日は決まっていて、受験生の都合で「まだ勉強が足りないから1か月後にお願いします」と遅らせてもらうことはできません。入試まであとどれぐらいの日数があるか割り出せば、1日に何をどれぐらい勉強すればいいかがわかります。

受験勉強を始める日は、「思い立ったが吉日」、つまり、今日が一番早い日です。スタートを遅らせれば遅らせるほど使える

高2生の持ち時間計算例

(高2の10月1日〜翌々年の1月11日の場合の概算)

468(日)×24(時間)＝11232(時間)
11232×2/3＝7488(時間)　7488−(9×468)＝3276(時間)※1
3276(時間)×60(分)＝196560(分)
これが使える時間(分)です。

196560(分)÷120(分)＝1638(回)※2
これが使える時間を過去問を解く回数に換算したものです。

※1　夏休みなど長期休暇も学期中と同じとして計算
※2　東大2次試験の英語の時間を仮に計算

時間はどんどん減っていきます。志望校に合格するために必要な勉強量は決まっているので、スタートを遅らせれば遅らせるほど1日あたりの勉強量はどんどん増えていきます。

前述しましたが、短期集中型の勉強は向き不向きがあり負担が大きいやり方だと思います。

必要な勉強量がわかれば、それを月で割り、日に落とし込んで、その日にする項目を決めます。

帰宅してから「今日は何の勉強をしようかな」ではなく、**学校からの帰り道で、「今日はこれとこれをする」とわかっているのが望ましい**と思います（そうしないと帰宅してからだらだらして、スマホをいじっているうちにすぐ1時間たってしまいます）。

受験は、「入試日までに自分の実力をなんとしてでも合格点までもっていくぞ！」というプロジェクトです。

スケジュールが立っていなくて、むやみに「がんばるぞ」「寝ないで勉強するぞ」というのが一番下手なやり方で現実的ではありません。

高2が終わるまでに英語か数学が一通り終わっているとラク

高校2年生が終わるまでに、英語か数学のどちらかでいいのでだいたい一通り復習が終わっていると安心して高3を迎えることができます。英語か数学か、得意なほうを選択してまとめて勉強しましょう。高校3年生になってからもう一方の科目を仕上げますが、1つ終わっていることで集中できます。逆に高3になった時点で、英語の単語も長文も、数学もできていないとなると不安ばかりが先に立ち集中できなくなります。

ここでは、高2の終わりまでに英語を一通り終わらせる場合の1週間のスケジュールをシミュレーションしてみました。17時の帰宅から24時の就寝まで、食事や入浴を抜いた4時間30分を勉強に充てると仮定して作成してみました。

1冊大学ノートを用意してスケジュール表を書くと、今日何をすればいいかがわかって迷うことがありませんし、不安に思うこともありません。

高2生の帰宅から就寝までの勉強タイムテーブル

10月２日(月)～８日(日)を例に。

17：00	帰宅
～19：00	夕飯
19：00～19：30	英文法
19：30～20：00	英単語（50個）
20：00～20：30	国語・現代文長文読解１問
20：30～21：00	休憩・入浴
21：00～21：30	英文法
21：30～22：00	国語・古文文法
22：00～23：30	学校の宿題・予習・復習
23：30～24：00	休憩・明日の準備
24：00	就寝

★高2終了までに英語を一通り終わらせたい場合の日程。
★気分転換のために他教科(ここでは国語)を入れ込んだ例。
★この日程を１週間続けます。
★タイムテーブルは最初ゆるく設定すると挫折しにくいでしょう。
★この日程にプラス、土日に漢文または学校の勉強を入れ込むとさらにスムーズです。
★日程は、どうしたら楽しくできるか、ラクにできるかを考えて自分で配分してください。

まず英文法。同じ問題集を3冊買って解く

まず英語の勉強から始めた場合のやり方です。

最初に英文法を押さえましょう。

同じ問題集を3冊買ってきて3回解きます。定評のある問題集を選ぶといいでしょう。

◯1回目は写経のつもりで書き写す

問題集をするとき、解答を見ずに問題を解こうとがんばる人が多いのですが、初回はわからないことだらけなので、解答を横に置き、答えを書き写していきます。

問題集を「答えを書き入れながら読む」感覚で内容を習得する方法です。「問題集を読む」方式は国語や社会、理科でも同じです。

このときやってはいけないことは、問題集に出てきたわからない単語をピックアッ

プして単語帳をつくって覚えようとすることです。ここでは文法を習得することが目的なので、1冊やり切るために前に進むことだけを考えます。不明な単語が出てきたら〇印をつけるだけにとどめます。1冊の問題集に約3か月かけることを目安にしてください。

◯2回目は半分読みもの、半分問題集の感覚で

2回目は答えを見ずに問題を解きます。半分は読みものとして、半分は問題集として捉えてやっていく感じです。1回目で答えを書き写しているものの、やはりなかなか解けるものではないので、間違えることを恐れずに解いていきます（受験生は間違えることを過度に恐れてしまう傾向にありますが、**人間は間違えたり忘れるものと考え、入試当日に間違えなければいいと割り切って勉強を進めていきます**）。約2か月を目途に1周します。

◯3回目は問題集として解く

3回目になってはじめて、純粋に問題を解いていきます。約1か月かける予定で進めます。

単語の暗記は1日50語、頻出順にCDで読んでいく

大学受験に絶対に必要な英単語は2000語前後で、これに派生語が加わります。英文法と長文読解の勉強の合間に単語の暗記を入れます。

○CDを聞いて声に出して読む

入試問題の頻出順になっているCDが添付された参考書を購入します。英単語の習得は、ひらがなや漢字と同様、まず読めるようにします。読めない漢字は書けないように英単語も読めなくては書けません。

添付されているCDを聞きながら、1日約50語を目安に声に出して読んでいきます。このとき、CDから日本語で意味が流れてきてもこれは無視して覚えません。

○語数を増やす

1日50語、40日かけて2000語を読んだら、次にもう1回1日100語で20日かけて2000語読みます。1回目と同様、単語は口に出して発音して読むことに重点を置き、意味を覚えようなどという欲は捨ててください。CDを聞くことはリスニングの勉強にもなります。英単語を読んでいく作業は単調なので、お母さんが聞いていてチェックするのもいいでしょう。

○意味を合わせる

2000語が読めるようになったら、最後に意味を合わせていきます。

この方法が効果的なのは人間の心理を突いているところです。人は読めるけれども意味が不明な言葉があると、意味を知りたい欲求にかられます。知りたいけれどわからないというイライラ感があると、すんなり頭に入ってくるものです。

ここで大事なのは書いてある日本語の意味のうち、1つだけを覚えることです。辞書には1つの単語に5～6個の意味が書いてあることがありますが、5つ覚えるのは労力がかかるだけなので最初の1つだけを覚えます。**英単語は意味がたくさんあってもイメージは1つ。**その1つを理解すれば読解力は育っていきます。

このように意味を合わせて1日50語ずつ覚えていきます。1周終わったらもう1周繰り返します。

単語はそれ自体ではなかなか覚えられません。英文法の例文からや、長文読解の中にも出てきた……という複合的な経験の積み重ねから脳に定着していきます。

数学は数Ⅱからするとやりやすい。最初は写経のように答えを写してOK！

5科目入試でも文系なら数Ⅰと数Ⅱが出題範囲です。わが家の子どもたちも言っていますが、理論的な数Ⅰよりも演習的な数Ⅱのほうが取りかかりやすいので、数Ⅱから始めるといいでしょう。

問題集を買ってきます。数学が苦手なら薄い問題集を選びましょう。ノートに答えを書かないなら、3冊購入して3回解きます。

これも英語と同じように、最初は解答を見ながら写すように解いていきます。

初回は、まるで写経のように写すのでかまいません。2回目、3回目から問題を解きますが、ここでも1回目とは違った色がついたきれいなノートを使うと気分転換効果&テンションアップ効果があります。

数学Ⅰ、Ⅱはできれば高3の夏休み前までに攻略してほしい科目です。

高3の夏休みの過ごし方

夏休みは時間がたくさん取れるので書き入れ時です。

これまでにした勉強の復習をし、余力があれば過去問を解いていきます。

塾や予備校の夏期講習を受けてもいいでしょう。

塾や予備校は受験を意識した時点で通うと周囲から刺激を受け意識が高まりますし、

学校では入手できない情報が得られるというメリットがあります。反面、通っていることで満足してしまい、あたかも勉強が進んでいるかのように錯覚することがあるので注意が必要です。

参考書にマーカーで線を引くと勉強した気分にはなるけれど、何ひとつ頭にインプットされていないのと同じように、**塾や予備校で講師の授業を聞くだけでは学力はまったくつきません。**

塾や予備校に行くなら、授業を聞くだけでなく出された課題を確実にこなして、自分でも問題集を解きましょう。受け身ではなく主体的に勉強するのが成績を上げる唯一のコツです。

社会は秋から。「文化」は後。地域別に先に「政治」の流れを追う

社会は暗記科目だと思われがちですが、人間そうは大量に暗記ができるものではあ

りません。まず教科書を読みます。長女は「世界史」で受験しましたが定番の山川出版社の教科書の文章はとても美しいのが特徴で、これを1冊やっていたらセンター試験は万全です。

社会は高3の秋からのスタートで間に合います。

★まず「文化」はおいておいて、「政治」だけ流れを追う

まずは「ギリシャ文化」「ルネッサンス」などの文化は捨て、「政治の流れ」だけを追います。そして、アジア、ヨーロッパなど好きな地域を決めてそこからスタートします。時代で区切ると複雑になって覚えにくいからです。

わが家の長女の場合は、ヨーロッパから始めました。ヨーロッパは一番複雑なので後に残すとたいへんだというのが理由です。漢字が得意な人は中国史からスタートするといいかもしれません。

ヨーロッパ↓インド↓アフリカ↓東南アジア↓中国・韓国の順で覚えていきました。「1問1答」方式の問題集の中の、ヨーロッパを扱う章だけをたどって覚えていきま

した。だいたい理解できたら、これに「文化」の項目をつけていきます。「文化」だけの1問1答問題集を使うとわかりやすいでしょう。

この勉強法は「日本史」「地理」も同じです。

秋から始めて年内には終わらせておきたいものです。

これに限らず、受験の勉強は**「除夜の鐘が108突き終わるまでに全部を終わらせておくべし」**と子どもたちに言っていました。

国語の受験勉強法

国語は、高2の秋から他科目の日程のすき間に「癒し」タイムとして入れ込んでいきます。

古文は文法を仕上げておきます。

古文単語は必須古語が約200語程度。古文が苦手な次男には単語帳をつくって覚えさせていました。A4サイズのリングファイルノートに、「うるはし」「あさまし」

など1ページに1つを書いて、見せて意味を言わせます。答えは私が持っています。長女のときは、**同じ古文単語の問題集を2冊買って1冊は娘が、1冊は私が持って、答えを言っていきました。**古文単語の暗記は飽きやすいので、すき間時間を利用するか、土日にするか、月水金など1日置きにするといいでしょう。

古文単語は少しずつすることと、お母さんと2人でするとストレスなくできます。

現代文は、センター試験の過去問またはセンター試験仕様の問題集を解くことが適当です。

漢文は範囲が狭く、覚える事柄も少ないために短期でマスターできる項目です。高校2年の10、11月の土日を使って勉強すると一応できるようになるので早めにやっておくと後の負担が少なくなります。うちの子どもたちは『漢文早覚え速答法』(田中雄二・著/学研マーケティング)を使いました。

論説文は自分の考えより、出題者の主義主張に沿う

国語の論説文、小説など長文読解の実力をつけるには、センター試験の国語長文読解の過去問が役に立ちます。**センター試験の過去問は東大2次の試験の勉強にもなります**。それは記述式がなく答えがシンプルな形で出てくるので、解答の仕方を学べるからです。

国語の論説文で注意したいのは、出題者の主張に沿った答えを出すこと。出題者とは意見が違っていても、ここはその論旨に従って答えを選びましょう。出題者の意向に沿った答えを出すためにもセンター試験の過去問は有効です。

理科の勉強法

英語と同様に問題集を3回解きます。

同じ問題集を3冊買ってきて（苦手ならなるべく薄い問題集を選ぶとよい）、最初は解答を見ながら写すように解いていきます。

いつもの写経方式です。2回目、3回目から問題を解きますが、2回目は半分解けるようにして、3回目で全部自力で解けるようにします。

問題集に書き込むのではなくノートで解いていくなら、ここでも1回目とは違った色がついたきれいなノートを使うと気分転換効果&テンションアップ効果があります。

3周してまだできていないと思ったら、もう1周すればいいでしょう。

秋からは過去問をする

志望校の過去問を始めます。

書店やネットで過去問題集を買うなどして用意します。

できる限りの過去問を集めるといいでしょう。

科目別に解いていきますが、**最初は時間制限せずにできる問題だけを解き、余力があれば2回目からは制限時間内で解く**ようにします。

文字が小さい場合は拡大コピーしましょう。

コピー機は受験の必須装備です。コピー機が自宅にあると便利です。コピーが必要になるたびにコンビニに走るのは時間の無駄です。

入試は基礎的な問題が顔を変えて出てくるだけ

入試問題には2種類あります。1つは「よく出る問題」で、あとの1つが「たまに出る問題」です。

大事なのは「よく出る問題」で、これを確実に正解すること。「たまに出る問題」は難問であることが多く、この種の問題を含めて勉強しようとすると、負担が多いので余裕があればする程度にとどめておきましょう。

その代わり、「よく出る問題」はほかの受験生もできるので、落とさないことが大事です。

「よく出る問題」を落とさないためには、やはり基礎力をしっかりつけて鉄板にしておくことです。

入試問題は基礎問題が切り口を変えて出題されるものです。**切り口を変えて出題さ**

れたらわからなくなるのは、理解不足です。どこから出されても解けるようにしておくと合格が見えてきます。

「捨てる」のは大事

受験では「捨てる」ということが意外に大事です。

1点を争う受験で何かを「捨てる」のは大丈夫なのかと心配するかもしれませんが、先に進むためのテクニックの1つです。

「捨てる」にも大きなものを捨てる方法と、小さなものを捨てる方法があります。

たとえば、わが家では受験科目そのものを捨てたことがあります。三男の中学受験のときに、灘中の受験科目が「国語、算数、理科」だったことと、その年の夏に、第二志望の学校が、3科目でも受験できるように変更になったので、すぐに「社会」を捨て3科目にかけることにしました。科目を減らすと塾の授業をその分受けなくていいし、テストもなし、宿題もなしで勉強の負担はぐんと減って、ほかの科目に使う時間はぐんと増えます。

中学・高校の中間テスト、期末テストで、1科目を「捨てる」方法もあります。英語と数学の勉強が不足していると感じた場合、どちらかを捨て1科目に絞って勉強し成績を上げてから次のテストで別の科目を重点的に勉強するのです。内申書の点が重要視される公立中学や、高校で推薦入学を狙う場合はなかなか採りにくい方法ではありますが、6年間トータルで学力を上げればいい中高一貫校に在籍している生徒には効果があるかと思います。

これに対して小さい捨て方が、「今週は数学だけする（ほかの科目は捨てる）」とか、「テストの×問のうち3問は捨てる」です。

一度、「捨てる」と決めたら後ろ髪を引かれることなく、「今はこれに全力を尽くす」と自ら選んだ項目に集中しましょう。

捨てた問題はいつやるのかと言う方もいるかと思いますが、捨てた問題はしなくてもOKです。しなくても勉強をしているうちにまた出てきます。そのときにできたらやればいいいし、できないようならまた捨てて、確実にできる問題だけに集中したらいいのです。

「捨てる」という言葉にいい印象を持たない人もいるかもしれませんが、頭の中をシンプルにして、時間を有効に使うためにおすすめできる勉強法です。

受験に不要なものは、「スマホ」「恋愛」「神だのみ」

受験の最大の敵はスマートフォンではないでしょうか。


〝スマホは悪魔〟と言っても過言ではありません。

私もスマホは使いますが、たとえばネットニュースを見て、ある芸能人が結婚したとあると、この芸能人は知らないなと検索をかけて読む……また違うニュースで知らない語句を検索……などとネットサーフィンしていたらキリがありません。スマホを見ている時間は実時間より感覚的に流れが速く、あっという間に時間がたってしまいます。

大人なら娯楽や息抜きに見るのはかまいませんが、未来のある18歳以下の子どもたちにとってスマホはたいせつな時間を奪う恐るべきツールだと自覚してください。

ＬＩＮＥも時間を取られます。学校の友人から来るＬＩＮＥにいちいち返事をしていると気を取られて勉強時間も少なくなります。

一方でスマホにはいい面もあります。

英単語、古文単語などの暗記物を写真に撮って通学途中で見たり、世界史の有名人物を画像で検索して確認するなどできます。瞬時に画像が出てくるので便利でした。

これらを総合して、私たち母娘は受験期のスマホのトリセツを以下のように決めました。

①帰宅したらスマホは電源を切って、かばんの奥にしまう。
②「世界史」など暗記科目で調べる必要があるときは、母のスマホを使う。
③就寝前にスマホの電源を入れ、友人からのＬＩＮＥなどに返信する。

これでも、親が不在のときに親のスマホで動画を見てしまうこともあるので、親も**スマホをロックするなどの対策が必要**でしょう。

親が主導権を持ち、子どもと話し合って解決策を見つけ、「不合格の理由はスマホ」ということのないようにしたいものです。

恋愛する余裕があれば志望大学を1ランクアップ

次に恋愛です。佐藤亮子といえば、「受験に恋愛は必要ないと言って炎上した人」と言われますが、幾度説明しても誤解されています。私は〝人生〟に恋愛が必要ないと言っているのではなく、〝受験〟には必要ないと言っているだけです。

受験期間を1年間として睡眠時間や生活時間を除くと勉強に充てられる時間は限られています。この1年間だけはテレビやゲームに時間を取られずに勉強しないと、合格に必要な点数を獲得することはできないのが現実です。

特に恋愛を不要と言うのは、テレビやゲームなら自分で決断してスイッチを切れば止められるのに対し、恋愛は相手が人間なのでそうはいかないからです。「会いたいから来て」と言われれば、勉強を放り出して会いに行ってしまうでしょう。時間がもったいないと思います。受験が終わったら思う存分つきあうことにすればいいと思います。

人は受験に限らず、コンテストや大きな仕事を完遂する場合など、それ一筋になる時期があってもいいのではないでしょうか。緩い受験をせず、恋愛をする余裕があるなら志望する学校のランクを1つ上げて自分のハードルを上げたらいいと思います。長い目で見るとそのほうが得るものがあるでしょう。

神だのみも受験に必要がありません。日本の受験シーズンは冬です。神社仏閣にお参りして風邪を引いて帰ってきては本末転倒。母親がお百度を踏んだという話も聞いたことがありますが、その時間があれば家で子どもの勉強のアシスタントをしたり、温かい夕飯をつくったほうがいいと思います。神だのみをするなら高2までに済ませておくことです。お守りなどは高3のときでしたら父母、祖父母がもらってきてください。

受験に勝つためには、カツを食べるより、1問でも多く問題を解いたほうがより合格に近づきます。

あとがき

長女が高校時代。

塾の顔見知りの女性職員の方とおしゃべりしていたとき、その方が娘に、

「佐藤さんは将来何になりたいの?」

と聞いたそうです。兄たちが医学部に行っていることを知っているので当然、

「お医者さん」

という答えが返ってくるのかとその方は思っていたのですが、長女は、

「主婦になりたいの」

と言ったのでびっくりして理由を尋ねると、娘は笑って、

「だってね〜、うちのお母さん見てたら、すっご〜く楽しそうだから」

と言ったそうです。

それを聞いて、私も笑ってしまいましたが、4人の子育てがすごく楽しかったのは

間違いありません。

子どもたちが小さいころ、私は家事と育児でてんてこまい。家は散らかっていて、自分の家事能力のなさに落ち込んでいました。

でもその中で大事にしていたのは、子どもたちのだれかが、「ママ～」と私を呼んだら、家事が途中でも子どものもとに駆けつけるということでした。それは一度、「これが終わったら行くね」と言ってキッチンでお皿を洗っていて、ふと子どもを見ると、つまらなそうな悲しそうな顔をしていたからです。

「子どもが母親を頼りにしている時期は短いのだから、なるべく子どものそばにいよう」と決心しました。その後は、洗濯物を干していても呼ばれたら子どものもとへ行きました。

子どもと遊んで、洗濯カゴのある場所に戻ったら、洗濯物がカピカピに乾いていていヘンな匂いもしていたので、もう一度洗濯機へ……ということも何回もありましたが気にしませんでした。

キッチンをきれいにするのは、時間のあるときだけ。子どもの勉強を見る時間をいつも家事より優先させていたので、キッチンは片づきませんでしたが、それでもいいと割り切っていました。

先日、テレビを見ていたら、「鮭の一生」を紹介していました。川で生まれた鮭は海に出て成長し、大きくなってふるさとの川に戻ってきて産卵するのですが、産卵が終わった後、一生を終えます。私はそれを見て、なんて潔いのだろうと感心しました。子どもを送り出したら、さっと身をひくなんてカッコイイ、生物の美学を感じました。18歳まで一生懸命育てて、あとは本人の自由にさせるのが子育ての美学と思いました。

メディアに顔を出すようになって、いろいろな人が私を、「プロママ」とか「子育てのコーチ」などと言ってくださいますが、私は自分を「子どもたちの縁の下の力もち＝黒子」だと思っています。

子どもたちが不安になったり、困ったときに、ふとまわりを見ると、ちょっと離れたところに笑いながら立っていて、声をかけたらすぐに飛んできて手伝ってくれる、そんなお母さんでありたいと思ってきました。

今、医学部を卒業した長男と次男は研修医として働いています。三男と長女は東京で学生生活を楽しんでいます。

もう、「ママ」と呼ぶ子どもは家にいなくて少し寂しいですが、ありがたいことにいろいろなところから声をかけていただいているので、これからも勉強や受験のことで悩むお母さんたちに私なりにエールを送る役割ができたらいいと思っています。

子育ても受験も勉強も、我慢くらべではありません。親も子どもも楽しく笑顔でないと効果も上がりませんし、いい思い出になりません。

この本を読んでくださっている方は子育て中だと思いますが、かけがえのない時間をどうぞ大事に、お子さんに寄り添って歩いていっていただけたらと思います。

profile

佐藤亮子
（さとうりょうこ）

大分県生まれ。津田塾大学英文学科卒業。大分県の私立高等学校で英語教師として勤務後、結婚。長男、次男、三男、長女の4人の子を育てる。長男、次男、三男は灘中学校・高等学校を経て東京大学理科Ⅲ類（医学部）に進学。長女も洛南中学・高等学校を経て2017年東京大学理科Ⅲ類に合格。全員が東大理Ⅲに進学したことから、その子育て法、勉強法が注目されている。個性を大事に、子どもの気持ちに寄り添う愛情溢れる子育ての姿勢、また効率的でキメ細かな勉強サポート術に定評がある。現在は、子どもの勉強に悩む保護者のアドバイザーとしてメディアで発言するほか進学塾などで講演。著書に『「灘→東大理Ⅲ」の3兄弟を育てた母の秀才の育て方』『「灘→東大理Ⅲ」3兄弟の母が教える中学受験勉強法』（ともにKADOKAWA）、『受験は母親が9割』（朝日新聞出版）などがある。

3男1女 東大理Ⅲ合格百発百中
絶対やるべき勉強法

2017年10月10日　第1刷発行
2019年 1 月31日　第6刷発行

著　者　佐藤亮子
発行人　見城 徹
編集人　福島広司

GENTOSHA

発行所　株式会社 幻冬舎
〒151-0051　東京都渋谷区千駄ヶ谷4-9-7

電話　03(5411)6211(編集)
03(5411)6222(営業)
振替　00120-8-767643
印刷・製本所　中央精版印刷株式会社

検印廃止

Printed in Japan
ISBN978-4-344-03189-0　C0095
幻冬舎ホームページアドレス　http://www.gentosha.co.jp/

この本に関するご意見・ご感想をメールでお寄せいただく場合は、
comment@gentosha.co.jpまで。